누워서 읽는
알고리즘

누워서 읽는 알고리즘

프로그래밍 상상력을 키워주는 알고리즘 이야기

초판 1쇄 발행 2015년 10월 20일
초판 8쇄 발행 2023년 08월 17일

지은이 임백준 / **펴낸이** 김태헌
펴낸곳 한빛미디어(주) / **주소** 서울시 서대문구 연희로2길 62 한빛미디어(주) IT출판2부
전화 02-325-5544 / **팩스** 02-336-7124
등록 1999년 6월 24일 제25100-2017-000058호 / **ISBN** 978-89-6848-227-4 93000

총괄 전태호 / **책임편집** 홍성신 / **기획 · 편집** 이복연 / **진행** 박혜원
디자인 표지 천승훈 내지 김연정 삽화 윤병철 조판 이경숙
영업 김형진, 장경환, 조유미 / **마케팅** 박상용, 한종진, 이행은, 김선아, 고광일, 성화정 / **제작** 박성우, 김정우

이 책에 대한 의견이나 오탈자 및 잘못된 내용에 대한 수정 정보는 한빛미디어(주)의 홈페이지나 아래 이메일로
알려주십시오. 잘못된 책은 구입하신 서점에서 교환해 드립니다. 책값은 뒤표지에 표시되어 있습니다.

한빛미디어 홈페이지 www.hanbit.co.kr / 이메일 ask@hanbit.co.kr

지금 하지 않으면 할 수 없는 일이 있습니다.
책으로 펴내고 싶은 아이디어나 원고를 메일(writer@hanbit.co.kr)로 보내주세요.
한빛미디어(주)는 여러분의 소중한 경험과 지식을 기다리고 있습니다.

프로그래밍 상상력을 키워주는 알고리즘 이야기

누워서 읽는
알고리즘

임백준 지음

한빛미디어
Hanbit Media, Inc.

맛있게, 즐겁게 읽는 알고리즘

『누워서 읽는 알고리즘』을 쓴 것은 12년 전이었다. 『행복한 프로그래밍』이라는 에세이집을 출간한 직후 두 번째로 쓴 책이었다. 이후에도 꾸준히 글을 써서 지금까지 10여 권의 책을 냈는데 그중에서 독자들에게 가장 많은 사랑을 받은 책은 『누워서 읽는 알고리즘』이었다. 그만큼 각별한 의미가 있는 책인데 얼마 전에 절판되었다가 이렇게 재출간을 하게 되었다. 기쁘고 반가운 일이다.

재출간을 하는 김에 새로운 알고리즘과 글을 추가해서 전보다 충실한 내용으로 만들고 싶었는데 벌려놓은 일이 많아서 작업할 시간이 부족했다. 아쉬운 대로 현재 시점에 어울리지 않는 표현을 수정하고, 오타와 실수를 바로잡아서 12년 전의 내용을 그대로 복간했다. 알고리즘의 생명은 무한하기 때문에 이 책의 내용은 지금 읽기에도 충분히 흥미로울 것이다. 특히 소프트웨어 교육이 강조되며 코딩과 관련한 사회적 관심이 높아지는 추세를 고려하면 알고리즘에 집중하는 내용이 12년 전 못지않게 현재적 의미가 있을 거로 생각한다.

알고리즘에 대한 강조는 아무리 해도 지나치지 않는다. 얼마 전에 지디넷 코리아에 〈문제는 알고리즘이다〉라는 제목의 칼럼을 쓴 적이 있는데, 글을 읽은 독자들로부터 공감한다는 피드백을 많이 받았다. 그 글의 일부를 옮겨본다.

"그렇기 때문에 대학은 학생들에게 코딩 능력이 아니라, 문제를 해결할 수 있는 능력, 즉 알고리즘 능력을 길러주는 방법을 고민해야 한다. 살에 새긴 문신 같은 코딩 능력은 MOOC, 학원, 스터디 그룹 등을 통해서 필요할 때 얼마든지 배울 수 있다. 지울 수도 있다. 하지만 뼈에 녹아들어 나와 한 몸이 되는 알고리즘 능력은 그 자체로 프로그래머의 정체성을 규정한다. 그렇기 때문에 배워야 하는 시기가 따로 있다. 시기를 놓치면 익히기 어렵다.

요즘처럼 기술 변화의 속도가 빠른 시대에는 특정 기술, 플랫폼, 언어, API에 종속되는 코딩 기술의 가치가 전보다 크지 않다. 오히려 낡은 기술을 버리고 새로운 기술을 재빨리 익히는 능력이 중요하다. 전투기의 생명이 빠르게 방향을 전환하는 기동성(maneuverability)에 달려 있는 것처럼, 프로그래머의 생명도 방향전환 능력에 달려있다. 알고리즘은 그러한 방향전환을 가능하게 만들어주는 일종의 "메타—능력"이다.

그래서 미국의 IT 회사들은 (특별한 경우를 제외하면) 특정 기술이나 API에 정통한 사람을 찾지 않는다. 기본적인 능력(문제를 해결할 수 있는 능력, 즉 알고리즘)을 갖춘 상태에서 새로운 기술을 빠르게 습득해서 활용할 수 있는 사람을 찾는다. 이런 면들을 생각해보면 실리콘밸리라는 미국 드라마에서 해커 느낌이 풍기는 보안 전문가와 자바 전문가가 아니라 파일을 압축하는 '알고리즘'을 개발한 사람을 주인공으로 배치한 것은 우연이 아니었을 것이다.

프로그래밍이라는 기술은 이렇게 알고리즘이라는 세포로 이루어져 있다. 그리고 알고리즘이라는 세포의 내부에 존재하는 DNA는 논리다. 만사에 논리적인 사람은 좋은 코드를 작성하지만, 논리적 사고가 결핍되어 있는 사람은 아무리 열심히 '코딩'을 배워도 좋은 코드를 작성하지 못한다."

소프트웨어를 개발하는 사람에게 알고리즘은 취업이나 승진을 위해서 억지로 공부하는 대상이 아니라 퍼즐이나 수수께끼처럼 자체로 재미있고 신나는 놀이가 되어야 한다. 내 책 중에서 이 책이 가장 많은 사랑을 받은 배경에는 알고리즘을 딱딱한 공부가 아니라 말랑말랑한 놀이로 다루었다는 측면이 놓여 있을 것이다. 그런 의미에서 나는 이 책이 이미 개발자인 사람은 물론이고, 이제 막 소프트웨어 개발과 코딩을 배우려는 사람들에게 많이 읽히기를 희망한다.

프로그래밍의 본질은 알고리즘이고, 알고리즘의 본질은 문제 해결이며, 문제 해결의 본질은 짜릿한 성취감이기 때문이다. 이 책을 읽으면서 그런 성취감을 맛볼 수 있기를 바란다.

2015년 9월
뉴저지에서 임백준

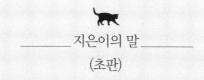

『행복한 프로그래밍: 컴퓨터 프로그래밍 미학 오디세이』(이하 행프)가 나온 지 반년 만에 두 번째 책인 『누워서 읽는 알고리즘』의 서문을 쓰게 되었다. 지난 5월에 출간된 '행프'에서는 전문적이고 기술적인 내용보다는 일반적인 독자들까지 고려한 가벼운 내용을 주로 다뤘다. 처음 해보는 시도였기에 산만하게 느껴지지 않을까 걱정을 많이 했는데, 재미있었다는 반응이 적지 않아서 큰 격려와 힘을 얻었다.

격려도 많았던 반면 '행프'가 담고 있는 이야기들이 기술적으로 깊이가 없다는 비판도 있었다. 원래 그 책에서는 기술적인 내용을 다루려는 의도가 없었기 때문에 어쩔 수 없었던 측면이 있었지만, 독자들의 비판을 새겨들었다. 이런 면에서 보았을 때 '누워서 읽는 알고리즘'은 전작인 '행프'에 비해서 기술적인 깊이를 향해 '반걸음' 정도 다가간 시도라고 볼 수 있다.

다가간 정도가 '한걸음'이 아니라 '반걸음'인 이유는 분명하다. '행복한 프로그래밍'이라는 제목에서 방점이 '프로그래밍'이 아니라 '행복한'이라는 형용사에 찍혀 있었던 것처럼 '누워서 읽는 알고리즘'에서 방점은 '알고리즘'이 아니라 '누워서 읽는'에 찍혀 있기 때문이다. 필자의 하루에서 가장 행복한 순간은 모든 일과를 마치고 손에 가벼운 소설책을 (혹은 만화책을) 들고 잠자리에 들 때다. 여기에서 '누워서 읽는'이라는 표현은 그와 같이 가장 편하고 행복한 순간을 채워 주는 '맛있는' 읽을거리를 의미한다.

필자는 이 책을 통해 새로운 알고리즘 이론을 '소개'하거나 독자들에게 알고리즘을 '강의'하려는 생각은 없다. 다만 실전 프로그래밍을 업으로 삼고 있는 사람들과 함께 가볍게 '수다'를 떨면서 우리가 매일 수행하는 '일'이 얼마나 재미있는지, 얼마나 아름다운지 그리고 얼마나 창조적인지 확인하는 기회를 마련하고 싶었다. 또한 프로그래밍과 알고리즘이라는 것이 딱딱한 '일'의 대상에 머무르지 않고, 즐겁고 발랄한 '놀이'의 대상이 될 수도 있음을 보여주고 싶었다.

이 책에 등장하는 알고리즘은 대개 일반적인 알고리즘 교과서에서 흔히 볼 수 있는 정렬(sort), 검색(search), 이진 트리(binary tree), 리스트(list), 퇴각 검색(backtracking), 해시(hash), 유클리드(Euclid) 알고리즘, 동적 프로그래밍(dynamic programming)처럼 익숙한 것과 팰린드롬(palindrome), 둠스데이(doomsday), 사운덱스(soundex), 메르센느 소수(mersenne prime)처럼 많이 알려지지 않은 것으로 이루어져 있다. 1장과 2장은 이런 알고리즘을 가지고 '수다'를 떨고, 3장과 4장은 다른 프로그래머가 작성한 코드를 함께 '감상'해 보는 내용을 담고 있다.

본문의 내용이나 코드에서는 정확한 내용만을 전하기 위해서 노력했지만, 날카로운 독자들의 눈에는 이번에도 예외 없이 '버그'가 발견될 것이다. 부정확한 내용이나 오타를 발견한 사람은 한빛미디어의 웹사이트(http://hanbit. co.kr/book/look.html?isbn=978-89-6848-227-4)를 방문하거나 Baekjun.Lim@gmail.com으로 이메일을 보내주기 바란다.

출판의 기회를 허락해 주신 한빛미디어의 김태헌 사장님과 유해룡 편집장 님 그리고 이번에도 값진 조언과 아이디어를 제공해 주신 임성춘 팀장님에게 큰 감사를 전한다. 박현진 대리님과 홍원규 팀장님에게도 감사의 말을 빼놓을 수 없다. 회사 일을 마치고 집에 오면 노트북을 들고 어디론가 슬그머니 사라 지는 엉터리 남편에게 변함없는 애정과 격려를 보내 준 아내 김희성에게도 고 마움을 전한다.

필자가 이 책의 원고를 쓰는 동안에도 온 인류의 영혼에 상처를 입히는 전 쟁은 계속되었다. 수많은 사람이 죽고 다치고, 정치인들은 거짓말을 하고, 사 람들은 분노했다. 그리고 전쟁은 지금도 끝나지 않았다. 이런 현실을 외면하고 사이버 세상으로 숨을 권리가 프로그래머에게는 없다. 모니터에서 눈을 떼고 저 가슴 아픈 현실을 바라볼 때가 적어도 가끔은 있어야 한다. 그것이 우리가 살고 있는 생생한 삶의 일부기 때문이다.

이 책에 담긴 '수다'가 그렇게 아프고 무거운 현실을 똑바로 바라볼 수 있는 힘을 재충전하는 편안한 휴식이 되기를 진심으로 희망한다.

2003년 11월
뉴저지에서 임백준

목차

2장.

록과 함께하는 정오의 활기

목차

3장.

하드코어로 달아오르는 뜨거운 오후

4장.

클래식으로 마무리하는 차분한 저녁

1. 장.

재즈로 여는 아침의 향기

아침에 운전을 할 때 매일 같이 '전쟁 소식'만 전하는 뉴스가 지겨워지면 뉴욕의 라디오 스테이션에서 틀어 주는 '스무스 재즈'를 듣는다. 스윙이나 하드밥 같은 장르에 비하면 가벼워서 깊은 맛은 없지만 부담이 없어서 좋다. 이 장은 '스무스 재즈'처럼 특별한 깊이는 없어도 편하게 읽을 수 있는 내용으로 꾸며 보았다. 몇 가지 재미있는 퍼즐과 짧지만 생각을 요하는 알고리즘, 팰린드롬 알고리즘과 콘웨이 교수의 둠스데이 알고리즘 등을 소개했다. 재즈의 부드러운 맛이 살아 있는 알고리즘들이다.

누워서 읽는 알고리즘

필자는 미국 뉴저지에 있는 루슨트 테크놀로지스에서 웹(web)에 기초한 네트워크 관리 프로그램을 만들고 있었다. 그 소프트웨어를 사용하는 고객사(customer company)는 유럽, 아시아, 남미 그리고 북미를 포함한 세계 전역에 퍼져 있는데, 그중 캐나다에 있는 한 회사에서 최근에 사용자가 동시에 열어 볼 수 있는 웹 페이지의 수를 제한하도록 만드는 기능을 요청해왔다.

루슨트에서 설계한 네트워크 관리 프로그램에서는 사용자가 웹 브라우저를 통해서 웹 페이지를 하나 열 때마다 웹 서버 쪽에서 방금 열린 웹 페이지에 대응하는 객체(object)를 만들어서 유지시킨다(이런 객체는 네트워크 어댑터, 데이터 캐시, 데이터 변환 등 다양하게 사용된다). 이런 경우에 사용자가 너무 많은 웹 페이지를 열어 놓으면 서버 쪽에 객체가 많이 생성되기 때문에 서버의 성능에 영향을 미치게 된다. 따라서 웹 페이지의 수를 제한할 수 있도록 만들어 달라는 고객 회사의 요청은 일리 있는 주문이었다.

이는 언뜻 까다롭지 않게 보인다. 어느 웹 페이지에 대한 요청이 들어오면 웹 서버 쪽에서는 우선 사용자가 현재 열어 놓은 웹 페이지의 수를 센다. 만약 그 수가 미리 정해진 값보다 같거나 크면 요청한 페이지 대신 오류 메시지를 보여주면 된다. 웹 페이지가 하나씩 열릴 때마다 카운터 (counter)를 1씩 증가시키고, 웹 페이지가 하나씩 닫힐 때마다 카운터를 1씩 감소시키면 이 알고리즘을 구현할 수 있다. 알고리즘 자체는 무척 간단하다.

그러나 세상일이 다 그렇듯이 알고리즘을 작성하는 일이 그렇게 술술 풀리는 경우는 흔하지 않다. 웹 브라우저가 웹 페이지를 열기 위해서는 웹 서버에게 HTTP 메시지를 보내야 하기 때문에 그 순간을 쉽게 포착할 수 있다. 하지만 웹 브라우저의 창이 닫히거나 아니면 사용자가 (예를 들어, www.google.com 같은) 전혀 새로운 웹 페이지로 이동하는 순간을 웹 서버 쪽에서 어떻게 포착할 수 있을까? 만약 웹 서버가 웹 페이지가 닫히거나 교체되는 순간을 감지할 수 없다면 위에서 언급했던 간단한 알고리즘은 실제로 구현할 수 없는 엉터리 알고리즘이 되고 말 것이다.

프로그래머의 '행복한' 고민은 이런 순간부터 시작된다. 문제가 어려울수록 프로그래머의 승부 근성은 팽팽하게 당겨져서 잔뜩 긴장한 활처럼 휜다. 책을 읽고, 인터넷을 검색하고, 주변의 고수들에게 질문을 던지고 하면서, '웹 페이지가 닫히거나 교체되는 순간을 서버에서 감지할 수 있는 방법'을 찾기 시작한다. 웹 프로그래밍 경험이 있는 독자들에게는 어려운 문제가 아니겠지만 경험이 없는 사람에게는 그러한 과정 자체가 새로운 앎의 영역을 열어 나가는 행복한 여행이 된다.

프레임워크(framework)나 언어에 따라서 '문법'이나 '명령어' 같은 구체적인 방법에 차이가 있을지 몰라도 문제를 해결하기 위한 기본적인 개념은 거의 대동소이하다. 여기에서는 필자의 경험대로 자바 애플릿(Java Applet)을 이용해서 문제를 해결하는 것으로 하자. 페이지가 닫히거나 새로운 페이지로 이동할 때 웹 브라우저 프로세스와 함께 동작하는 자바 가상 시스템(Java Virtual Machine)이 애플릿 내부에 존재하는 'stop' 혹은 'destroy' 메서드를 반드시 호출하도록 되어 있다. 따라서 그 메서드 안에서 웹 서버에게 신호를 보내면 웹 페이지가 닫히거나 교체되는 순간을 웹 서버 쪽에서도 쉽게 포착할 수 있다.

웹 페이지가 열리는 순간과 닫히는 순간을 모두 포착할 수 있다면 앞의 알고리즘을 구현하는 것은 어렵지 않다. 그렇지만 알고리즘을 구현하는 실제 과정은 생각처럼 간단하지 않았으며, 힘들게 해결해야만 하는 복잡한 내용이 많았다.

알고리즘에 대한 개략적인 윤곽과 그에 대한 기술적인 세부 사항을 확인한 필자는 매니저(manager)에게 언제까지 작업을 끝내겠노라고 확답을 해주었다. 일단 구체적인 날짜를 확인해 주었으면 시간을 엄수하는 것은 직업적 프로그래머에게는 생명과 다를 바 없는 약속이다. 프로그래머는 프로그램을 잘 짜면서 시간도 잘 지키는 사람과 프로그램은 다소 서툴게 짜지만 시간은 잘 지키는 사람으로 구분할 수 있다. 시간을 제대로 지키지 못하는 사람은 아예 프로그래머라고 불릴 자격이 없다.

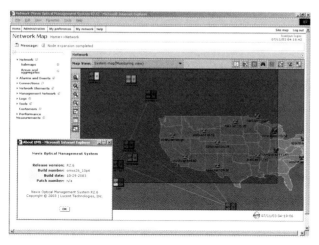

: 루슨트의 웹 기반 네트워크 관리 프로그램의 한 화면(www.lucent.com)

시간이 촉박했지만 간단한 프로토타입(prototype)을 작성해보고 나서 구체적인 감을 잡은 필자는 (실제로는 훨씬 복잡하지만 대략적인 뼈대만 간추려서 보았을 때) 다음과 같은 모습을 하고 있는 알고리즘을 적어 놓고 매니저에게 확답을 주어도 괜찮겠다는 판단을 내렸던 것이다.

❶ 웹 브라우저로부터 페이지 요청을 받아들인다.

❷ 현재 열려 있는 페이지의 수를 의미하는 current_count와 미리 정해진 최댓값인 MAX_COUNT를 비교한다.

❸ 만약 current_count가 MAX_COUNT보다 작으면 요청한 페이지를 전송하고, current_count를 1만큼 증가시킨다.

❹ 만약 current_count가 MAX_COUNT보다 크거나 같으면 오류 메시지를 전송한다.

❺ 웹 브라우저로부터 페이지 닫힘 혹은 교체 메시지를 받으면 current_count를 1만큼 감소시킨다.

이를 프로그램 코드로 표현해 보자.

```
processPageOpenRequest ()
{
    if (current_count < MAX_COUNT)
    {
        sendResponse ();
        current_count++;
    }
    else
    {
        sendErrorMessage ();
    }
}

processPageCloseRequest ()
{
    current_count--;
}
```

웹 브라우저가 새로운 페이지를 요청하면 'processPageOpen Request' 메서드가 호출되고, 반대로 페이지가 닫히거나 다른 페이지로 교체되었다는 사실을 전해 오면 'processPageCloseRequest' 메서드가 호출된다. 실제로는 멀티 스레딩(multi-threading)과 관련된 내용을 비롯해서 신경 써야 할 부분이 많았지만, 기본적으로 이 정도의 골격을 갖춘 알고리즘을 작성한 필자는 커피를 한 모금 마시고 흡족해하면서 "약속한 날짜를 지키는 것은 어렵지 않겠군"하고 생각했다. 그러나 그것은 착각이었다.

이 알고리즘 속에 숨어 있는 버그를 눈치채려면 웹 브라우저가 동작하는 방식을 조금쯤은 이해하고 있어야 하는데, 실력이 뛰어난 프로그래머라면 그것과 상관없이 문제를 지적할 수도 있을 것이다. 여러분이 프로젝트를 총괄 지휘하는 설계자라고 생각하고, 이 알고리즘에 숨어 있는 문제를 찾아내어 지적해 보기 바란다. 힌트를 주자면 버그는 두 메서드가 호출되는 시간, 즉 current_count의 값이 바뀌는 순간의 미세한 타이밍과 관련되어 있다.

대부분의 경우에 대해서 이 알고리즘은 정상적으로 동작하는 것처럼 보였다. MAX_COUNT의 값을 10과 같이 비교적 작은 수로 정해 놓고, 브라우저 창을 열어나가다 보면 11번째 창에 이르러서 오류 메시지가 나타났다. 열려 있던 창 중에서 하나를 닫아서 전체적인 웹 페이지의 수를 9로 줄여 놓고, 다른 창을 열면 10번째 창이 정상적으로 열렸다. 이때 웹 서버 쪽의 로그(log)에 current_count의 값이 10으로 증가되었다는 기록이 남아서 알고리즘이 원하는 방식으로 동작하고 있음을 보여주었다.

이런 테스트는 단위 테스트(unit test)라고 하는데, 새로 작성한 소프트웨어가 요구 사항을 제대로 충족시키는지 여부를 프로그래머 스스로 확인하는 과정이다. 보통은 새로 작성된 프로그램 코드 혹은 구성 요소(component)가 전체 소프트웨어 제품 안에서 제대로 동작하는지를 전문적인 테스트 부서에서 시간과 공을 들여 테스트한다. 따라서 단위 테스트는 본격적인 테스트가 이루어지기 전에 기본적인 점검을 수행하는 '예비 테스트' 과정이다.

어떤 면에서 보자면 단위 테스트를 얼마나 꼼꼼하게 수행하는지가 프로그래머의 진정한 실력을 드러내는 척도가 되기도 한다. 실력이 부족한 (혹은 성의가 부족한) 프로그래머는 자기가 작성한 코드에 대한 기본적인 점검조차 하지 않고, 테스트 부서에 (심지어 사용자에게!) 전달하는 경우가 종종 있다. 아무리 간단한 코딩이라고 해도 프로그래머는 '실수'로부터 자유롭지 못한 인간이기 때문에 꼼꼼한 테스트는 '선택'이 아니라 '필수'

다. 간단한 테스트를 통해서 미리 발견할 수 있었던 버그를 실제 사용자가 발견하는 것은 비용의 손실이기 이전에 프로그래머의 수치다.

앞의 알고리즘을 수행하는 클래스(class)를 작성하고, 컴파일하고, 테스트 환경에 설치한 다음 공을 들여서 단위 테스트를 실시하였다. 별다른 문제를 발견하지 못했으므로 필자는 코드를 소스 코드 저장소에 입력할 준비를 했다. 그러다가 문득 10번째로 열린 창에 시선을 던졌고, "혹시 이 창에서 'Refresh' 단추를 누르면 어떻게 될까?"하는 의문이 들었다. 지금까지의 테스트는 11번째의 웹 페이지를 새로운 창에서 여는 경우만 고려했기 때문에 결과는 장담할 수 없었다.

같은 창에서 10번째 페이지를 닫고, 11번째 페이지를(즉 동일한 페이지를) 요청하는 일을 순간적으로 실행하는 것을 의미하는 'Refresh'의 경우는 이론적으로 보았을 때 제대로 동작해야 한다. 10번째 페이지가 닫히는 순간, 애플릿의 stop 메서드가 웹 서버에게 current_count를 1만큼 감소시키라는 신호를 보낼 것이고, 그다음에 11번째 페이지에 대한 요청이 전달될 것이므로 페이지가 정상적으로 열려야 한다. 다시 말해 어느 페이지가 'Refresh'될 때 메서드가 수행되는 순서는 다음과 같아야 한다.

[단계 1] processPageCloseMessage

[단계 2] processPageOpenMessage

이런 생각들이 순간적으로 뇌리를 스쳤을 때쯤 'Refresh' 단추를 누른 결과가 화면에 나타났다. 그것은 예상대로 원래 페이지가 새롭게 화면에 출력된 것이었다. 즉 메서드가 실행된 순서는 예상과 동일했고, 원래 알고리즘은 'Refresh'의 경우에 대해서도 여전히 아무 문제가 없는 것으로 입증되었다.

그런데 우리가 작성한 네트워크 관리 프로그램을 보면 웹 페이지의 왼편에는 응용 프로그램에 포함된 웹 페이지 목록이 하이퍼텍스트 형식으로 제공되고 있다. 따라서 (사용자가 그렇게 할 가능성은 별로 없지만) 어느 페이지 안에서 자기 자신을 향하는 링크를 누를 수 있는 가능성이 항상 열려 있는 셈이다. 쉽게 설명해서 현재 브라우저 창이 나타내고 있는 페이지의 URI가 http://test.test.test/test/Test.html이라고 하자. 그 페이지의 왼쪽 어딘가에 〈a href="http://test.test.test/test/Test.html"〉Test〈/a〉라는 HTML 코드로 표현된 "Test"라는 링크가 존재하는 것이다.

10번째로 열린 창에서 동일한 페이지를 향하는 링크를 누르면 화면에 새로운 페이지가 나타날 것인가. 이 경우 역시 미처 생각하지 않았던 상황이었다. 미지근하게 식은 커피를 한 모금 마시면서 생각을 해보았다. 이때에도 두 메서드가 실행되는 순서는 'Refresh'의 경우와 동일할까? 그렇지 않다면 문제가 되겠지만 아마도 그럴 것이라는 생각이 들었다. 그래서 일단 화면의 왼쪽에 있는 링크를 눌러서 실험을 해보았다.

짧은 시간이 흐르고, 화면에 나타난 결과를 보았을 때 필자의 가슴은 그만 철렁 내려앉고 말았다. 화면에 나타난 것은 정상적인 페이지가 아니라 페이지 수가 이미 최댓값에 도달했으므로 더 이상의 페이지를 열 수 없다는 오류 메시지였다. 모든 경우에 대해서 완벽하게 동작하는 것처럼 보였던 알고리즘 안에 조용히 숨어 있던 버그가 드디어 모습을 드러낸 순간이었다.

웹 서버 쪽에 있는 로그 파일을 확인해 보니 링크를 눌렀을 때 메서드가 실행된 순서는 다음과 같았다.

[단계 1] processPageOpenMessage

[단계 2] processPageCloseMessage

실험 대상이 된 창은 10번째로 열린 창이었기 때문에 링크를 누르기 직전의 current_count 변수는, 이미 MAX_COUNT와 동일한 10에 이르러 있었다. 따라서 processPageOpenMessage가 호출되었을 때 if 구문의 조건인 "current_count 〈 MAX_COUNT"가 false로 인식되었다. 따라서 sendResponse 함수가 호출되지 않고, sendErrorMessage가 호출되었다.

페이지 안에서 링크가 선택되면 브라우저는 서버에게 메시지 두 개를 보낸다. 하나는 현재 페이지가 닫히면서 애플릿의 stop( ) 메서드가 실행될 때 보내는 '페이지 닫힘' 메시지고, 다른 하나는 새로운 페이지를 요청하는 '페이지 열림' 메시지다. 앞에서 작성한 알고리즘은 언제나 '페이지 닫힘' 메시지가 먼저 전달되고, 그다음에 '페이지 열림' 메시지가 전달될 것이라고 (암묵적으로) 가정하고 있었다. 버그는 그 가정 속에 숨어 있었다.

만약 10번째로 열린 창이 아니라 그 전에 열렸던 창에서 링크를 눌렀다면 오류 메시지가 나타나지 않았을 것이다. 따라서 단위 테스트를 그쯤에서 종료했다면 이렇게 미세한 타이밍의 차이가 야기하는 버그는 눈치채지 못했을 것이다. 이것은 심각한 버그였기 때문에 필자는 알고리즘을 처음부터 다시 점검하면서 이러한 타이밍 문제를 해결하기 위한 작업에 들어갈 수밖에 없었다.

필자가 위와 같은 버그를 발견한 날은 하필이면 여러 가지 할 일이 있어서 일주일 정도 휴가를 냈던 첫째 날 밤이었다. 코드를 공식적으로 제출하고, 느긋하게 휴가 체제로 들어서려고 하는 순간, 버그 한 마리가 슬며시 고개를 들고 나타났다. 결국 휴가는 커녕 버그를 잡는 데 많은 시간을 보내고, 또 만약을 대비해서 여러 가지 다른 경우를 일일이 테스트하느라 밤을 꼬박 새워야만 했다.

버그를 다음 날까지 끌고 가고 싶지 않아서 디버깅 작업을 계속 하다보니 어느덧 동이 터왔다. 그렇게 밤을 새워 알고리즘을 완성하고 나니 가

습속이 뿌듯해지면서 벅찬 성취감이 해와 함께 솟아올랐다. 어떻게 보면 휴가의 시작을 '망친' 버그가 얄밉게 느껴지기보다는 오히려 참 재미있는 녀석이었다는 생각이 들어서 일기장 겸용으로 사용하는 수첩에 녀석의 모습과 성격에 대해서 자세히 적어 두기까지 했다.

흔히 '알고리즘'하면 떠오르는 생각은 데이터 구조론에서 시작해서 알고리즘의 분석과 설계 방법, 정렬, 검색, 스트링 매칭, 동적 알고리즘 그리고 NP 완전 문제에 이르기까지의 딱딱한 '공부 거리'다. 이러한 내용은 실력 있는 프로그래머가 되기 위해서는 한 번쯤 반드시 공부해야 하지만, 자칫 지루하게 느끼기 쉬운 것도 사실이다.

그와 달리 이 책에서 다루고자 하는 내용은 제목 그대로 '누워서 읽는 알고리즘'이다. '누워서 읽는 알고리즘'이란 자기 전에 침대에 누워서 읽거나, 전철 안에서 읽거나, 연인을 기다리면서 카페에서 읽거나, 아니면 화장실에서 무료함을 달래기 위해서 읽는 알고리즘이다. 구태여 컴퓨터 안에 코딩해 보거나 혹은 종이와 연필을 이용해서 알고리즘을 돌려볼 필요 없이 그냥 눈으로 가볍게 '읽을' 수 있는 알고리즘을 의미한다.

새롭거나 기술적으로 심오한 이야기를 소개하는 것은 아니지만, 가볍게 읽고 즐기는 가운데 프로그래머로서의 행복함과 재미를 느낄 수 있게 해주는 알고리즘을 중심으로 이야기를 풀어나가고자 했다. 또한 학교에서 컴퓨터 알고리즘을 정식으로 배울 기회가 없었던 직업적 프로그래머들에게 바쁜 일정 속에서도 체할 염려 없이 읽을 수 있는 알고리즘 이야기를 해주고 싶었다.

알고리즘은 컴퓨터 프로그래밍의 꽃이며, 가볍고 경쾌한 놀이다. 그리고 이 책은 그러한 신나는 '놀이'에 대한 책이다. 이 책이 독자 여러분이 직장에서 수행하고 있는 프로젝트에 직접적인 도움을 줄 수는 없을지 모르지만, 프로그래머인 여러분의 삶을 조금쯤은 풍요롭게 만들어 주기를 희망한다. 그러한 희망을 이룰 수 있는 노력의 반은 '놀이'에 참여하는 여러분 자신의 태도에 달려 있다.

: 커누스 교수의 『The Art of Computer Programming 1, 개정3판』(한빛미디어, 2006)

퍼즐로 풀어 보는 알고리즘의 세계

필자가 대학원에서 석사 과정을 끝마칠 무렵 IT 업계의 여러 회사가 신입 사원을 뽑기 위해 캠퍼스를 방문했었다. 그 중에는 마이크로소프트도 있었는데, 필자는 (그럴 필요가 없었음에도 불구하고) 한국에서 한 벌 들고 온 양복을 말끔하게 차려입고 인터뷰에 참석했다. 조그만 강의실 안에서 차분하게 생긴 중년의 '아줌마'와 책상을 마주 보고 앉은 채 질문과 답을 주고받았는데, 첫 번째 질문이 "문자열을 입력하면 그 문자열을 거꾸로 만들어서 출력하는 함수를 C 언어로 작성하라"는 내용이었다.

예를 들어, "I love you"라는 문자열이 입력되면 "uoy evol I"가 출력되도록 만드는 함수를 작성하는 문제였다. (여러분도 생각해보기 바란다. 정확한 알고리즘이 금방 떠오르지 않는 사람은 공부 좀 해야 한다!) 이 문제는 C 언어의 기본적인 문법, 특히 배열(array)을 이용해서 문자(character) 데이터를 저장하는 방법만 잘 알고 있으면 어렵지 않게 풀 수 있는 문제다. 문제의 핵심은 단순히 알고리즘을 작성할 수 있는가가 아니라 과연 얼마나 효율적인 알고리즘을 작성할 수 있는가에 있었겠지만, 어려운 문제는 아니었다. 첫 번째 문제를 비교적 쉽게 해결한 나는 속으로 운이 좋다고 느끼면서 두 번째 문제를 기다렸다.

두 번째 문제를 푸는 과정은 인터뷰를 하고 있다는 사실을 까맣게 잊고 있을 만큼 흥미진진했던 기억이 난다. 나는 문제의 의미를 정확하게 확인하기 위해서 아줌마에게 계속 질문을 던졌고 아줌마는 성실하게 답변했다(질문 중에는 제대로 알아듣지 못한 영어를 다시 확인하기 위한 부분도 있었지만 아닌 척 했다). 내가 정답을 향해서 한 걸음씩 다가설 때마다 아줌마는 탄성을 지르면서 격려를 해주었고, 길이 막혀서 머뭇거리면 조금씩 힌트를 주면서 길을 터 주었다. 하지만 불행하게도 그 문제의 정확한 내용은 잊어버리고 말았다(시각장애인이 사람들의 모자 색을 맞추는 문제, 보도블록의 개수를 맞추는 문제 등 비슷한 문제는 많이 있는데, 똑같은 문제는 찾지 못했다).

알고리즘을 만들어 나가는 과정은 흥미진진한 수수께끼를 풀어나가는 과정과 조금도 다르지 않다. 알고리즘을 작성할 때나 수수께끼를 풀 때 가장 중요한 것은 우선 문제 자체의 의미를 정확하게 파악하는 것이고, 그다음으로 중요한 것은 길이 보이지 않는 캄캄한 곳에서 문제를 해결하는 데 출발점이 될 중요한 실마리를 포착하는 것이다. 실마리를 잡았으면 끝까지 포기하지 않고, 한 걸음씩 전진하는 것이 중요하다. 답을 한 방에 맞추려는 것은 '하수(下手)'가 부리는 과욕일 뿐이다. '고수(高手)'는 언제나 한 걸음씩 천천히 전진한다.

다행히 똑같지는 않아도 문제의 수준이나 느낌상 거의 비슷한 문제를 찾아낼 수 있었다. '고수'의 자세를 마음에 새기면서 문제를 천천히 풀어보기 바란다.

"옛날에 어느 나라에 승려들만 모여 사는 섬이 있다. 그들 중에서 어느 사람은 눈이 빨갛고 어느 사람은 눈이 갈색이다. 눈이 빨간 사람은 마법에 걸려 있기 때문에 스스로 눈이 빨갛다는 사실을 깨닫게 되면 그 날 밤 12시에 스스로 목숨을 끊어야만 한다(그것은 마법이었기 때문에 눈이 빨갛다는 사실을 깨달은 사람은 예외 없이 목숨을 끊어야 한다).

승려들은 서로의 눈 색깔에 대해 전혀 언급하지 않는다는 불문율이 있었기에 상대방의 눈 색깔을 알려줄 수도 없었다. 그 섬에는 거울도 없고, 거울 비슷한 물건도 없었기 때문에 자신의 눈이 무슨 색인지 아는 사람은 아무도 없었다. 그래서 그들은 자신의 눈 색깔을 알 길이 없었기에 행복하게 살아갈 수 있었으며, 자살 따위를 하는 사람은 아무도 없었다.

그러던 어느 날 그 섬에 관광객이 찾아 왔다. 그는 승려들 사이에 존재하는 규칙을 알지 못했기 때문에 절대로 하지 말아야 할 말을 내뱉고 말았다.

"당신들 중에서 적어도 한 명은 눈이 빨간색이로군요."

무심한 관광객은 그 날로 되돌아갔지만, 남아 있는 승려들은 생전 처음으로 눈 색깔에 대한 말이 나왔기 때문에 크게 동요하지 않을 수 없었다. 그리고 그 날 밤부터 그 섬에는 무서운 일이 일어나기 시작했다. 과연 어떤 일이 일어났겠는가?

간단한 문제는 아니다. 답을 알고 나면 그렇게 어렵게 느껴지진 않겠지만 묘미가 있는 문제로 터무니없는 넌센스(non-sense) 문제와는 거리가 멀다. 논리적인 추론을 요구하므로 답을 한 번에 맞출 생각은 하지 말고, 가벼운 실마리를 잡고 쉬운 가정에서부터 출발해서 하나씩 생각해 나가기 바란다. 이 문제를 이미 알고 있는 사람은 할 수 없지만 그렇지 않은 사람은 적어도 2분 정도는 스스로 답을 찾아보라. 다시 한 번 이야기하지만 이런 퍼즐을 푸는 과정은 실전 프로그래밍에서 알고리즘을 찾아 나가는 과정과 별로 다르지 않다.

```
if ( (생각한 시간 > 2분) || (문제의 답을 이미 알고 있는가) )
{
    다음 단락으로 이동
}
else
{
    앞으로 돌아가서 최소한 2분 동안 답을 생각해 볼 것
}
```

자, 이제 답을 살펴보도록 하자. 문제의 관광객은 '적어도 한 명'의 눈이 빨간색이라고 말했다. 만약 섬에 살고 있던 승려 중에서 눈이 빨간 사람이 아무도 없었다면 어떤 일이 일어났을까? 이는 제일 간단한 경우지만 동시에 가장 끔찍한 결론을 낳는 경우다. 눈이 빨간 사람이 아무도 없었다면 자기 자신을 제외한 모든 승려의 눈이 갈색으로 보였을 것이므로 (실제로는 눈이 갈색인) 승려가 자신의 눈이 빨갛다고 생각하게 된다. 그래서 모두가 그날 밤 자살을 하게 될 것이다(수수께끼지만 끔찍하다).

그렇다면 만약 눈이 빨간 승려가 딱 한 명 존재하는 경우에는 어떤 일이 일어날까? 이 경우에는 눈이 빨간 승려를 제외한 다른 모든 사람은 누가 빨간 눈을 가지고 있는지 알고 있기 때문에 자살하지 않을 것이다. 하지만 실제로 눈이 빨간 승려는 눈이 빨간 사람이 아무도 없기 때문에 자신의 눈이 빨갛다는 사실을 깨닫게 되어 목숨을 끊는다. 무심한 관광객의 한마디가 가엾은 이의 목숨을 앗아간 것이다.

이제 약간 복잡한 경우에 대해서 생각해 볼 차례다. 눈이 빨간 승려가 두 명인 경우에 대해서 생각해 볼 순서가 된 것이다. 여기서부터가 이 문제의 답을 구하기 위한 추론의 핵심에 해당하는 부분이다(미리 생각하지 않았던 사람은 지금이라도 책에서 잠깐 눈을 떼고 생각해보기 바란다. 눈이 빨간 승려가 두 명 있었다면 어떤 일이 벌어질까?) 관광객은 분명히 '적어도 한 명'이라고 말했으므로 눈이 빨간 두 승려는 상대방의 눈이 빨갛다고 생각하면서 관광객이 언급한 것은 상대방일 것이라고 여길 것이다.

'저 자의 눈이 빨간색이니 그가 오늘 밤 목숨을 끊겠군'하고 속으로 생각하면서 잠자리에 드는 것이다. 그런데 서로 그렇게 생각하기 때문에 그들은 둘 다 목숨을 끊지 않은 채 아침을 맞이한다. 문제는 이때 발생한다. 상대방이 죽었을 것이라고 생각하면서 눈을 뜬 이들은 눈이 빨간 상대방 승려가 아직 살아서 아침을 맞이하는 모습을 보고 충격을 받게 될 것이다.

왜냐하면 눈이 빨간 사람이 하나가 아니라 둘이라는 사실을 그리고 그 나머지 한 사람은 바로 자기 자신이라는 사실을 의미하기 때문이다. 그렇지 않고서야 상대방 승려가 지난밤에 목숨을 끊지 않았을 이유가 없는 것이다. 이렇게 충격적이고 슬픈 깨달음은 마침내 두 번째 날 밤 두 명의 승려가 한꺼번에 목숨을 끊는 비극으로 막을 내리게 된다.

이제 약간 더 복잡한 상황으로 넘어가 보자. 만약 눈이 빨간 승려가 세 명이었다면 어떻게 될 것인가? 눈이 빨간 승려는 이제 평상시에 두 사람의 눈이 빨갛다는 사실을 알고 있었으므로 관광객의 말을 듣고도 전혀 자살을 생각하지 않을 것이다. 첫날 밤에 자고 일어나서 아직 살아 있는 다른 두 명의 (눈이 빨간) 승려를 보면서 (눈이 빨간 승려가 두 명이었던 앞의 논리에 따라서) 이튿날 밤에 그 둘이 동시에 자살할 것이라고 생각할 것이다. 그러나 그 두 사람도 사실은 다른 두 사람의 눈이 빨갛다는 사실을 보아 왔기 때문에 똑같이 다른 두 명의 승려가 두 번째 날 밤에 목숨을 끊을 것이라고 생각하면서 정작 자기는 죽을 생각을 하지 않을 것이다.

그래서 죽었을 것이라고 생각했던 다른 두 명의 눈이 빨간 승려가 세 번째 날 아침에 버젓이 살아 있는 것을 보면 지금까지 자기의 눈이 빨간색일 것이라고는 상상도 하지 못했던 승려는 심장이 멎는 듯한 충격을 받는다. 왜냐하면 눈이 빨간 두 명의 승려가 두 번째 날 밤에도 죽지 않았다는 것은 그 둘을 제외한 다른 누군가의 눈도 빨갛다는 사실을 의미하기 때문이다. 그리고 (그 두 사람과 자기 자신을 제외한 나머지 승려들의 눈은 틀림없이 갈색이라는 사실을 보아 왔기 때문에) 눈이 빨간 나머지 한 사람은 바로 자기 자신이 될 수밖에 없다.

이러한 논리는 계속 반복된다. 따라서 이 문제의 답은 "눈이 빨간 승려의 수가 n이라면 그들이 모두 n번째 밤에 자살을 한다"다. 즉 눈이 빨간 승려의 수가 5명이라면 그들은 모두 5번째 밤에 자살하게 되는 것이다(이 문제에서 스스로의 눈이 빨갛다는 사실을 깨달은 승려가 밤에 목숨을 끊는 것이 아니라 섬을 떠나야 한다고 고치는 것이 좀 더 나을 것 같다. 비록 수수께끼 속의 이야기긴 하지만 '자살'이란 어쩐지 섬뜩하고 슬프기 때문이다).

당시 마이크로소프트의 인터뷰 과정은 이와 비슷한 방식의 수수께끼를 풀도록 요구하는 것으로 유명했다(아마 요즘도 그럴 것이라고 생각되지만, 잘 모르겠다). 그래서 취업을 준비하는 (특히 중국에서 온) 학생들 사이에서는 서로 이메일을 통해서 '기출 문제'를 교환하거나 웹사이트에 올리는 것이 크게 유행했다. 이 책에 틈틈이 등장하는 퍼즐이나 수수께끼들은 대부분 그러한 과정 속에서 알게 된 것이라는 점을 밝혀 둔다.

데이터 구조 정의하기

캠퍼스에서의 인터뷰를 성공적으로 마치고 나서 2차 인터뷰를 하기 위해서 워싱턴주 레드몬드(Redmond)에 있는 마이크로소프트의 본사 캠퍼스를 방문하게 되었다. 설레는 마음으로 비행기를 타고 시애틀 공항에 도착해서 허름한 택시를 타고 호텔로 향했다. 택시 운전사 아저씨는 코브라 앞에서 피리를 불면 딱 어울릴 것 같은 인도 아저씨였는데, 시애틀에는 자기가 알고 지내는 한국 택시 운전사들이 많다면서 알아듣기 힘든 말을 빠르게 쏟아 냈다(택시의 속도도 거의 '총알택시' 수준이었다).

필자를 인터뷰하러 들어 온 사람들은 윈도우 기반 PC에서 사용하는 소형 데이터베이스 애플리케이션인 '액세스(Access)'를 개발하는 사람들이었다. 첫 번째 인터뷰를 진행한 사람은 우선 C 언어를 이용해서 52장의 (포커나 블랙잭을 치는) 카드를 저장해보라는 질문을 던졌다. 한 장의 카드는 숫자와 무늬에 대한 정보를 가지고 있으므로 나는 다음과 같이 int형 변수와 char형 변수로 이루어진 '구조체(struct)'의 배열을 머리에 떠올렸다.

```
struct card {
    char *shape;
    int number;
} cards[] = {
    "spade", 1,
    "heart", 1,
    "diamond", 1,
    "clobber", 1,
    "spade", 2,
    "heart", 2,
    "diamond", 2,
    "clobber", 2,
    .........
};
```

넓은 의미에서 보면 이렇게 데이터 구조를 정의하는 것도 '알고리즘'을 작성하는 일에 속한다. 진지한 프로그래머라면 간단한 데이터 구조를 정할 때도 심혈을 기울여야 하는데, 나는 그 날 그렇지 못했다. 위와 같은 답변을 들은 면접관은 잠깐 양미간을 찌푸렸다. 그는 영화 '바늘구멍(Eye of the Needle)'에 나왔던 배우 도널드 서덜랜드(Donald Sutherland)를 닮았는데, 그보다 훨씬 젊지만 배가 더 나오고 어떻게 보면 약간 게을러 보이는 얼굴이었다(좀 오래된 영화긴 하지만 '바늘구멍'을 보지 않은 사람은 찾아서 보는 것도 괜찮을 것이다. 아주 재미있다).

생각해보자. 위의 데이터 구조 정의에서 (잘못되었다기보다) 생각이 짧았던 부분은 어디일까? 경험이 있는 프로그래머라면 이러한 구조체 정의를 보자마자 메모리 공간이 대단히 비효율적으로 사용되고 있다는 사실을 느꼈을 것이다. 컴퓨터의 하드웨어가 설계된 방식이나 운영체제에 따라서 조금씩 차이가 있긴 하지만 보통 'char'형 변수는 1바이트를 차지하고 'int'형 변수는 4바이트의 공간을 차지한다.

그런데 위에서 정의한 구조체 'card'는 char형의 배열을 가리키는 포인터와 int형으로 구성되어 있기 때문에 (char 배열에서 문자열의 끝을 의미하는 '₩0'과 같은 문자를 생략하고 대략적인 평균을 구했을 때) 하나의 card가 10바이트의 메모리 공간을 차지하게 된다('spade', 'diamond', 'heart', 'clobber'는 각각 5, 7, 5, 7개의 문자로 이루어져 있으므로 평균 6을 취했을 때, 6바이트에 정수형 변수의 4바이트를 더하면 10바이트가 된다). 따라서 카드가 전부 초기화되면 card의 배열인 cards는 전체적으로 적어도 52×10=520바이트의 메모리 공간을 소비하게 되는 것이다.

하지만 1바이트로 표현할 수 있는 값은 $2^8 = 256$개이므로 4개에 불과한 카드의 무늬와 13개에 불과한 카드의 숫자를 저장하기 위해서 char 배열이나 정수형 변수를 이용할 필요는 없다. 카드의 무늬와 숫자가 모두 char형 변수로 충분히 표현될 수 있기 때문이다. 그렇다면 구조체 card는 다음과 같이 새롭게 정의할 수 있다.

```
struct card {
    char shape;
    char number;
} cards[] = {
    'S', '1',
    'H', '1',
    'D', '1',
    'C', '1',
    'S', '2',
    'H', '2',
    'D', '2',
    'C', '2',
    ........
};
```

여기에서 'S'는 스페이드, 'H'는 하트, 'D'는 다이아몬드 그리고 'C'는 클로버를 의미한다. 카드에 적힌 숫자도 여기에서는 숫자를 나타내는 문자로 저장되어 있다. 이렇게 하면 카드 한 장이 차지하는 메모리 공간이 2바이트로 대폭 줄어들기 때문에 52장의 카드를 저장하기 위해서 필요한 메모리 공간도 52×2=104바이트로 크게 줄어들었다. 앞의 500바이트와 비교해 보면 거의 5분의 1로 줄어든 셈이다.

질문자의 양미간이 움직이는 것을 보고 재빨리 cards의 데이터 구조를 이런 식으로 개선했지만, 그의 표정은 여전히 펴지지 않았다. 속으로 '아니 그럼 뭘 어쩌라는 거야'하는 생각이 들었지만 다음 질문을 기다릴 수밖에 없었다. 잠깐의 침묵이 흐른 뒤에 그가 먼저 입을 열었다. "이렇게 하는 것이 반드시 최선인가? 메모리를 절약하는 대신 지불해야 하는 대가는 없는가?" 이번에는 이런 식으로 질문을 던져 왔다.

알고리즘을 작성하다 보면 프로그램의 실행 속도를 의미하는 '시간 (time)'과 메모리의 사용량을 의미하는 '공간(space)'이 항상 대립하고 있다는 사실을 깨닫게 된다. 다시 말해서 속도가 빠른 프로그램은 메모리를 더 많이 차지한다는 단점을 갖는 반면 메모리를 최소한으로 사용하는 프로그램은 속도가 느리다는 단점이 있다. 위의 예에서는 그러한 차이가 뚜렷하지 않지만, 구태여 예를 들자면 'S'처럼 압축된 정보는 나중에 화면에 'spade'라는 문자를 나타내야 할 때 변환 과정을 요구하기 때문에 그만큼 처리 속도가 (사람의 눈으로는 식별이 불가능하겠지만) 늦어진다.

그렇기 때문에 메모리를 가장 적게 차지하는 알고리즘이나 데이터 구조가 언제나 최선인 것은 아니다. 예를 들어서 여러 개의 정렬(sort) 알고리즘 중에서 어떤 것을 사용하는 것이 최선인가 하는 문제는 절대적으로 결정되어 있는 것이 아니라 정렬될 항목이 모두 몇 개인가, 항목들이 미리 어느 정도 정렬되어 있는가, 아니면 완전히 임의의 순서대로 나열되어 있는가, 사용할 수 있는 메모리 공간은 어느 정도인가 등에 따라서 달라진다. 그렇기 때문에 동일한 알고리즘의 효율성도 그때그때의 조건에 따라 다르게 인식될 수 있다.

이와 같은 취지의 설명을 늘어놓자 그는 고개를 끄덕이면서 두 번째 질문으로 넘어갔다. 첫 번째 질문이 간단한 데이터 구조를 놓고 이런 저런 측면에 대해서 가볍게 대화를 나누는 것이었다면 두 번째 질문은 본격적인 코딩 문제였다. 그는 자기 방에 놓인 칠판을 깨끗이 지운 다음 마커를 건네주면서 이진 트리(binary tree) 데이터 구조를 정의하고 그 안에 노드(node)

를 집어넣을 수 있도록 'addNode' 메서드를 구현해 보라고 말했다.

트리와 같은 데이터 구조는 '객체(object)'를 이용하면 손쉽게 정의할 수 있는데, 필자는 1996년부터 주로 자바 언어를 사용해 왔으므로 그에게 자바를 이용해서 객체와 메서드를 구현하겠다고 말했다. 그러자 배 나온 서덜랜드 씨의 얼굴에 잠시 찬바람이 감돌았다. 그 표정은 마치 '이봐 여기는 마이크로소프트의 인터뷰 장소라고!'하며 고함을 지를 듯한 표정이었다. 말하자면 자바는 그곳에서 프로그래머가 사용할 만한 정식 언어가 아니었다. 레드몬드 캠퍼스에서 만났던 마이크로소프트의 프로그래머들은 C와 C++가 아니면 차라리 펄(Perl)과 파이썬(Python)을 말했지 자바는 아예 안중에도 없었다.

삼성 SDS에서 일할 때는 C 언어를 사용했지만, 유학을 온 이후로는 운영체제 과목을 비롯한 몇 개의 수업을 제외하곤 모든 프로그래밍을 자바 언어로 했기 때문에 갑자기 C도 아닌 C++를 이용하는 것은 다소 거북하게 느껴졌다. 하지만 인터뷰에서 고집을 부릴 수는 없었기 때문에 마커를 들고 하얀 보드 위에 매우 간단한 트리 객체를 정의했다.

```cpp
struct node
{
    int value;
    node *leftNode;
    node *rightNode;
};

class tree
{
    public:
        tree();
    private:
```

```
        node *root;
        void addNode (int value, node* &p);
};
```

그리고 addNode의 내용을 구현했다.

```
void tree::addNode (int value, node* &p)
{
    if (p == NULL)
    {
        p = new node;
        p->value = value;
        p->leftNode = NULL;
        p->rightNode = NULL;
    }
    else
    {
        if (value < p->value)
        {
            addNode (value, p->leftNode);
        }
        else
        {
            addNode (value, p->rightNode);
        }
    }
}
```

이 코드를 이해하려면 C의 포인터(pointer)나 C++에서 객체를 참조
하는 방식과 같은 문법(syntax)을 조금쯤은 알고 있어야 한다. addNode
메서드에서 알고리즘의 핵심은 '재귀(recursive)'와 이진 트리(binary
tree)의 구조에 놓여 있다. 어느 정도 경험이 있는 프로그래머라면 이 정

도 알고리즘은 어렵지 않게 이해할 수 있을 것이다. 혹시 C나 C++의 문법에 익숙하지 않다면 국지적인 문법에 집착하지 말고 전체적인 흐름을 파악하는 데 힘을 쏟기 바란다.

addNode 메서드가 구현하고 있는 알고리즘은 자기가 자기 자신을 호출하는 '재귀' 알고리즘을 기초로 한다. '재귀'란 동일한 함수에 대한 호출이 반복되는 것으로, 이진 트리의 모습을 가만히 생각해 보면 그것이 동일한 구조가 반복되는 프랙탈(fractal) 구조를 하고 있음을 알 수 있을 것이다. 잘 알려져 있다시피 프랙탈 구조란 전체의 모습이 작은 부분에서 똑같이 반복되고 있는 경우를 뜻한다. 그런데 이진 트리에서 일부분을 따로 떼어서 보면 그것이 여전히 이진 트리의 모습을 하고 있기 때문에 이진 트리는 프랙탈 구조에 해당한다.

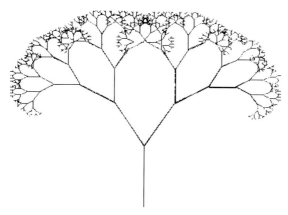

: 프랙탈 모양을 하고 있는 이진 트리(www.mathsisfun.com)

말하자면 재귀란 프랙탈 구조의 알고리즘적 반영이다. 필자가 근무하고 있는 회사에는 미국 사람들만이 아니라 세계 각지에서 모여든 프로그래머들이 함께 섞여서 근무하고 있는데, 그중에서도 특히 인도 출신 프로그래머가 많다. 한국에서는 '철수'와 '영희'가 흔한 이름이라면 인도 친구 중에서는 '비네이(Vinay)'라는 이름이 '철수'에 해당하는지 비네이라는 이름을 가진 사람이 많다. 같은 팀 내에 비네이가 둘이 있는데, 하루는 비네이가 팀원들에게 다음과 같은 이메일을 보냈다.

> ✎ Team, (팀원 여러분)
> Vinay just called me and said he is off today because he didn't feel well.(비네이가 방금 전화를 해서 말하기를 몸이 좋지 않아서 오늘 쉰다고 합니다)
>
> Vinay(비네이)

그래서 필자는 답장을 보내면서 비네이에게 빨리 낫기를 바란다는 말을 한 뒤에 다음과 같은 내용을 덧붙였다.

> ✎ Your email is so recursive that I am worried about a stack overflow error.
> (네 이메일은 너무나 재귀적이라서 스택 오버플로우 오류가 날까 걱정이 된다)

여기쯤에서 앞의 "빨간 눈과 갈색 눈" 수수께끼의 답이 재귀적으로 풀렸다는 사실을 깨달을 수 있다면 만점이다. 예를 들어, 눈이 빨간 사람의 수를 의미하는 N이 10이라고 한다면, 우리는 그에 대해서 N이 9일 때의 논리를 적용하고, 그다음에는 N이 8일 때, 7일 때, 이런 식으로 N의 값을 하나씩 거슬러 올라가서 마침내 N이 1일 때, 즉 눈이 빨간 사람이 한 명 있을 때의 논리를 일종의 종료 조건(termination condition)으로 삼아서 문제를 해결했다. 이런 과정은 컴퓨터 알고리즘에서 '재귀적' 함수의 호출이 수행되는 과정과 동일하다.

칠판에 위와 같은 이진 트리의 구조를 정의하고 나자 뚱뚱한 서덜랜드

씨는 계속 까다로운 질문을 던지면서 필자의 실력을 테스트했다. 다행히도 대부분의 물음에 대해서 별로 어렵지 않게 답변을 할 수 있었기 때문에 느낌이 괜찮았는데, 그만 마지막 질문 앞에서 말문이 막히고 말았다. 그는 자신의 손에 마커를 들더니 칠판에 적혀 있던 addNode 메서드의 시그너처(signature)를 다음과 같이 고쳤다.

```
void addNode (int value, node **p);
```

그리고 addNode 메서드의 내용을 다시 정의해 보라고 말했다. 말하자면 그는 "네가 포인터의 포인터를 다룰 줄 아느냐?"고 물어본 셈인데, 혼자서 천천히 개발하는 상황이라면 모를까 즉시 답변을 해야 하는 상황에서 포인터 두 개가 떡 붙어 있으니까 내심 당황스러웠다. 여기에서 '포인터의 포인터'를 살펴보지는 않겠지만 흥미가 있는 사람은 생각을 해보기 바란다(평소에 C 언어를 그리고 포인터를 밥 먹듯이 사용하는 프로그래머라면 문제도 아니겠지만, 그렇지 않은 사람들은 C 언어 책을 들춰보지 않고는 금방 풀기 어려울 것이다. C 언어에서 '포인터'의 존재는 쉬운 듯하면서도 복잡하다면 한없이 복잡한 요물이다).

: 시애틀의 명물 스페이스 니들의 모습(www.seattle.worldweb.com)

　　마이크로소프트에서의 인터뷰는 그 이후로도 계속되어 3명인가 4명을 만나면서 비슷한 과정을 되풀이했다. 재미있는 질문도 있었고 어려운 질문도 있었는데 아무튼 일정이 모두 끝나서 저녁 무렵이 되자 머리가 아플 정도로 녹초가 되었다. 그곳에서 살고 있는 선배를 만나서 시애틀 시내에 있는 '부산 횟집'이라는 한국 식당에서 저녁을 먹었다. 작은 소주잔으로 겨우 네 잔인가 다섯 잔 정도 나오는 작은 호리병에 들어 있는 소주가 무려 16달러 정도 했지만, "시애틀의 잠 못 이루는 밤"의 상황에서 소주를 한 잔 마시지 않을 수는 없었다. 16달러면 우리 돈으로 거의 2만 원에 해당하니 꽤 비싼 술을 마셨던 셈이다.

네 번째.

P를 출력하는 프로그램 P

사실상 인터뷰를 망치고 돌아온 필자는 그냥 좋은 경험이었다고 생각하고 다른 회사의 인터뷰를 준비하기 시작했다. 그런데 필자가 시애틀에 다녀왔다는 사실을 알게 된 친구들, 특히 중국 친구들이 무엇을 물어보더냐, 분위기는 어떻더냐 등을 물어 와서 약간 귀찮은 기분이 들었다. 귀찮기는 했어도 그들과 더불어 재미있는 퍼즐이나 기발한 프로그래밍 문제를 놓고 이야기할 기회가 많아서 유익했다.

그때 보았던 문제 중에서 재귀와 관련해서 생각해볼 만한 프로그램으로는 소스 코드를 있는 그대로 화면에 출력하는 프로그램이 기억에 남는다(70, 80년대의 날고 기는 프로그래머들이 다양한 프로그래밍 언어를 동원해서 서로 경합을 벌였던 문제로 유명하기도 하다). 예를 들어, 프로그램의 소스 코드를 P라고 한다면 화면에 토씨 하나 틀리지 않고, P가 그대로 출력되게 만드는 프로그램을 작성하는 것이다. 이런 장면에서는 역시 모리츠 코르넬리스 에셔(Maurits Cornelius Escher)의 그림을 연상하지

않을 수 없다. 그의 유명한 그림 '그리는 손'이 바로 이러한 재귀 프로그램
의 개념을 정확하게 보여주고 있기 때문이다.

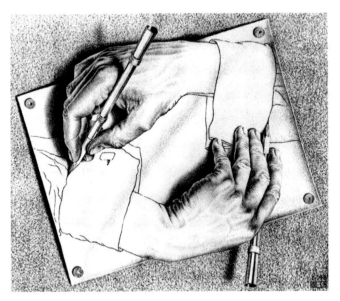

: 에서(M. C. Escher)의 유명한 '그리는 손'(©Cordon Art-Baarn-Holland)

프로그램 P1이 다음과 같은 내용으로 이루어져 있다고 해보자.

```
main () { printf ("hello"); }
```

이 프로그램을 컴파일한 다음 실행하면 화면에는 다음과 같은 내용이
출력된다.

```
hello
```

그럼 다른 프로그램 P2의 내용은 다음과 같다고 해보자.

```
main ()
{
    printf ("main () { printf (\"hello\"); }");
}
```

이 프로그램을 실행한 결과는 다음과 같을 것이다.

```
main () { printf ("hello"); }
```

이 결과는 P1과 동일하지만 이 결과를 출력한 프로그램은 P1이 아니라 P2였다. 다시 말해서 프로그램의 소스 코드와 출력된 결과가 일치하지 않는 것이다. 생각해보면 이것은 쉽지 않은 문제처럼 보인다. P를 출력하는 프로그램 P를 작성하는 것은 마치 손을 뻗어서 거울 속에 들어 있는 자신의 뺨을 어루만지는 것과 비슷하기 때문이다. 그렇다면 P를 출력하는 프로그램 P를 작성하는 것은 불가능한 일일까?

이 문제를 직접 풀어 보는 것은 재미있는 경험이 될 것이다. 이 정도 알고리즘이라면 물론 '누워서' 풀 수는 없고 아마도 컴퓨터 앞에 똑바로 앉아서 코딩을 시도해야 할 것이다. 가능하면 커피나 녹차 등을 마시며 느긋하게 오로지 재미 삼아 풀어 보기 바란다. 이미 언급했듯이 이러한 알고리즘을 '한방'에 만들어 내려고 하는 사람은 '하수'며 '고수'는 어디까지나 뚜벅뚜벅 한 걸음씩 걷는 사람이다. 자기와 동일한 모습을 출력하는 프로그램은 여러 가지 다른 형태로 만들 수 있는데, 여기에서는 그중 하나를 살펴본다. 다음 C 프로그램을 P라고 해보자

```
char* me; void main(void) {printf(me); putchar(13); putchar(34);
printf(me); putchar(34); putchar(';');} char* me =
"char* me; void main(void) {printf(me); putchar(13); putchar(34);
printf(me); putchar(34); putchar(';');} char* me =";
```

이 프로그램을 실행한 결과는 다음과 같다.

```
char* me; void main(void) {printf(me); putchar(13); putchar(34);
printf(me); putchar(34); putchar(';');} char* me =
"char* me; void main(void) {printf(me); putchar(13); putchar(34);
printf(me); putchar(34); putchar(';');} char* me =";
```

C 언어에서 putchar 함수는 매개변수(parameter)로 전달된 정수가 나타내는 문자를 (보통의 경우 화면에) 출력하는 함수다. 아스키(ASCII) 코드 테이블을 보면 십진수 정수 13이 나타내는 문자는 엔터키를 의미하는 캐리지 리턴(carriage return)이고, 34는 큰따옴표를 나타낸다. 따라서 printf(me)는 기다란 문자열 변수 me가 담고 있는 내용을 화면에 출력하라는 이야기고, putchar(13)은 두 번째 줄을 시작하기 위한 캐리지 리턴을 의미한다.

그다음에 존재하는 putchar(34)는 두 번째 printf(me)의 내용을 양쪽에서 감싸고 있는 따옴표를 나타낸다. 소스 코드에서 두 번째 줄은 문자열 변수 'me'의 내용이기 때문에 양쪽 끝에 따옴표를 가지고 있다. putchar(34)는 그것을 표현하기 위한 것이다. P가 P를 출력하도록 만드는 것이 불가능한 것처럼 생각되었지만 막상 알고리즘을 만들어 보니 그렇게 어렵지는 않다. C 말고 펄이나 자바와 같은 다른 언어를 이용해서 이 문제를 풀어 보는 것도 재미있을 것이다. 그리고 자기 자신을 출력하는 프로그램 P를 만든 다음에도 프로그램의 크기를 최대한 줄이려는 노력을 해보는 것도 흥미로울 것이다. 앞의 프로그램 P를 더욱 짧게 만들 수는 없을지 생각해보기 바란다.

숨어 있는 버그를 찾아라

프로그래밍의 묘미는 절묘한 알고리즘을 창조하는 과정에서 찾기도 하지만 동시에 기발한 방식으로 숨어 있는 '버그'를 찾아낼 때도 찾을 수 있다. 알고리즘을 창조하는 능력이 뛰어난 사람은 버그를 찾는 능력도 뛰어나고 그 반대의 경우도 마찬가지다. 버그를 찾는 능력과 알고리즘을 창안하는 능력은 정비례하는 것이다. 버그를 찾는 것은 프로그램 언어의 문법적 측면에 대한 지식을 요구하기도 하지만 보다 근본적으로는 '논리'를 정확하게 끌어나가는 힘을 필요로 한다.

간단한 예를 위해서 프로그램은 아니지만 다음과 같은 수학적 논리 전개 속에 숨어 있는 버그를 한번 잡아 보도록 하자. '2=1'이라는 명제는 분명히 거짓이므로 이 논리의 어느 부분에 말이 되지 않는 논리적 버그가 숨어 있음이 틀림없다. 어려운 문제가 아니니까 2분 안에 답을 찾을 수 있어야 한다.

[단계 1] a=b

[단계 2] $a^2=ab$

[단계 3] $a^2-b^2=ab-b^2$

[단계 4] (a-b)(a+b)=b(a-b)

[단계 5] a+b=b

[단계 6] b+b=b

[단계 7] 2b=b

[단계 8] 2=1

중학교 때 수학 공부를 성실하게 한 사람은 버그를 금방 찾을 수 있을 것이고 그렇지 않은 사람은 아무리 들여다봐도 잘못된 곳이 눈에 띄지 않을 것이다. 이 수식 안에 담겨 있는 논리적 '착각'은 실전 프로그래밍에서 알고리즘을 작성할 때 프로그래머들이 흔히 저지르는 실수와 닮았다. 특히 멀티 스레딩(multi-threading) 환경에서 미세한 타이밍의 문제를 다루거나 외부 구성 요소와 데이터를 주고받는 복잡한 환경에서 논리적 착각과 실수는 프로그래머에게 피할 수 없는 숙명처럼 다가온다.

필자의 경우에는 손에 커피를 한잔 들고 컴퓨터 앞에 처음으로 앉는 아침 시간이 능률이 가장 높아서 오전 중에는 버그를 양산하지 않는다. 제일 위험한 시간은 저녁때가 지난 한밤중에 프로그래밍을 할 때다. 콘택트 렌즈를 낀 두 눈이 뻑뻑하게 느껴지고, 키보드를 두드리는 손가락도 차츰 오타를 내는 이 무렵이 되면 복잡하고 정교한 논리의 회로를 탐색해야 하는 이성적 사고가 마비되는 것처럼 느껴지기 때문이다.

필자에게 한밤중은 역시 이성적인 사고를 요구하는 프로그래밍보다는 책을 읽거나, 음악을 듣거나, 술을 마시거나, 다른 친구들과 대화를 나누는 감성적인 활동이 더 어울리는 것 같다. 사람에 따라서 밤을 더 선호하는 사람도 있지만, 필자의 경우에는 아침을 놓치면 하루를 놓치는 셈이 될 정도로 아침 시간을 선호한다.

앞의 수식에서 버그는 [단계 4]에서 [단계 5]로 넘어가는 지점에 숨어 있었다. 별로 어렵지 않았으리라고 믿는다.

[단계 4] (a−b)(a+b)=b(a−b)
[단계 5] a+b=b

만약 이것이 성립한다면 다음과 같은 논리도 참이 되어야 한다.

```
0 * 3 = 5 * 0
3 = 5
```

"$0 \times 3 = 5 \times 0$"은 양변이 모두 0이므로 참이다. 하지만 양변을 0으로 나눈 다음 3과 5를 같다고 주장하는 것은 잘못되었다. 4번 줄이 5번 줄로 넘어가는 과정에서 사용된 논리가 바로 이와 같이 수학적으로 성립되지 않는 잘못된 논리였다. 이렇게 구체적인 예를 통해서 살펴보면 쉽게 드러나는 잘못이 다른 수식과 섞여서 하나의 커다란 논리적인 흐름을 만들어 내고 있을 때는 좀처럼 눈에 띄지 않는다.

버그도 이와 마찬가지다. 막상 버그를 찾고 보면 어이가 없을 정도로 쉽고 명백한 경우가 많은데, 그것이 복잡한 알고리즘 속에 섞여 있는 경우에는 쉽게 찾을 수 없을 때가 많다. 그런데 실전 프로그래밍의 세계에서 발견하게 되는 버그의 종류는 다양해서 단순히 논리적 실수만으로 이루어지지 않는다. 실전 프로그래밍에서 발생하는 버그는 많은 경우에 특정한 알고리즘 자체가 품고 있는 논리적 결함보다는 프로그래머가 방어적 프로그래밍(defensive programming)을 게을리해서 발생하는 경우가 더 많다.

방어적 프로그래밍이란 일종의 '방어 운전'과 비슷한 개념이다. 객체지향 언어인 자바(Java) 프로그램에서 가장 흔히 발생하는 버그 중 하나는 방어적 프로그래밍의 결여에서 비롯되는 NullPointerException이다. 예를 들어, 다음과 같은 코드는 실전 프로그램에서 흔히 볼 수 있는 내용이다.

```
...
String userId = user.getId ();
BankAccount account = AccountManager.getAccount(userId);
int balance = account.getBalance();
...
```

위 프로그램은 AccountManager가 언제나 BankAccount 객체를 리턴할 것이라고 가정한다. 정상적인 상황에서라면 그러한 가정이 맞을 것이고, 프로그램은 정상적으로 동작할 것이다. 하지만 만약 소프트웨어의 환경에 변화가 발생해서 AccountManager가 주어진 userId에 대응하는 객체를 리턴할 수 없는 상황이 된다면 이 코드는 졸지에 버그를 양산하는 주범이 되고 만다(account가 null이었다면 account. getBalance( )를 실행하는 순간 NullPointerException이 발생할 것이다).

예를 들어 (흔히 일어나는 일은 아니겠지만, 그리고 신중하게 설계된 프로그램이라면 이러한 상황을 피할 수 있도록 잘 설계되어 있겠지만) 앞의 코드가 AccountManager에게 사용자 계좌를 나타내는 Bank-Account를 찾아 달라고 하기 직전에 해당 사용자의 Account가 은행에서 삭제되는 일이 변화의 예가 될 수 있을 것이다. 이런 일들이 늘 일어나는 것은 아니지만, 진정한 프로그래머라면 만약을 대비해서 방어적인 프로그램을 작성하는 것이 습관처럼 몸에 배어 있어야 한다.

```
...
String userId = user.getId ();
BankAccount account = AccountManager.getAccount(userId);
if (account == null || !account.isValid ())
{
    printErrorMessage ("계좌를 찾을 수 없습니다.");
    return;
}
int balance = account.getBalance();
...
```

만약 AccountManager를 작성한 프로그래머가 다른 사람이라면 해당 사용자를 위한 은행 계좌를 찾을 수 없을 때 무엇이 리턴되는지 일일이 확인하기 어렵다. 이런 경우에 바로 위에 있는 코드에서와 같이 AccountManager가 리턴한 객체가 혹시 null은 아닌지, null이 아니라면 혹시 유효하지 않은(invalid) 객체는 아닌지 꼼꼼하게 확인하는 것이 예기치 않은 문제를 사전에 방어할 수 있는 방어적 프로그래밍이다.

프로젝트의 일정에 쫓기다 보면 사실 '방어적 프로그래밍'을 할 시간적 여유를 찾기 어려울 때가 많다. 하지만 그것이 습관이 된다면 결코 많은 시간이 걸리지 않을 것이다. 실전 프로그래밍에서 '버그'는 단지 논리적 흐름을 설계하면서 실수를 범하거나 착각하는 것만을 의미하는 것이 아니라 이와 같이 코드의 구석구석에서 발생하는 '인터페이스(interface)'의 불일치가 포함된다.

꼭꼭 숨어 있는 버그를 잡아내서 통렬한 기쁨을 맛보았던 적은 (프로그래머라면 누구나 그렇듯) 셀 수 없이 많지만, 그중에서 가장 기억에 남는 것은 대학원 시절에 있었던 일이다. 대학원 시절에 네트워킹 과목을 수강하던 도중 TCP(Transmission Control Protocol) 프로토콜을 똑같이 시뮬레이션하는 프로그램을 만드는 숙제가 있었다. 프로그램을 여러 대의 서버에 분산시켜 놓고 실행시키면 약속된 패킷을 주고받으면서 동작을 해야 하는데, 필자가 작성한 프로그램은 제출 날짜가 다가올 때까지 제대로 동작하지 않아서 애를 태웠다.

서로 떨어져 있는 세 대의 서버를 이용해서 테스트하는 경우에는 각 서버의 텔넷(telnet) 화면이 모두 위로 올라가면서 화면에 데이터를 뿌림으로써 프로그램이 동작하는 모습을 보여주어야 하는데, 프로그램을 첫 번째로 실행시킨 화면만 움직이고 나머지 녀석들은 움직일 생각을 하지 않았다. 디버거(debugger)를 이용해서 데이터의 흐름을 파악하고, 수상한 지점에서 동작을 멈춰놓고, 열심히 버그를 찾았지만 꼭꼭 숨어 있는 녀석은 좀처럼 모습을 드러내지 않았다. 그런 와중에서 마감 시간이 다음 날 아침 9시로 다가온, 마지막 날 저녁이 되었다.

일찌감치 저녁을 먹고 방에 들어가서 자세를 잡은 다음 다시 디버깅에 몰두하기 시작했다. 프로그래밍이라는 것이 원래 조금만 신경을 써서 작업을 하다 보면 시간이 흐르는 것을 느끼지 못한다. 의심이 가는 곳을 들여다보면서 신중하게 수정하고, 컴파일하고, 테스트하는 과정은 간단했지만 그렇게 하는 작업을 몇 차례만 반복하면 두어 시간이 눈 깜짝할 사이에 지나갔다. 마음을 단단히 먹었기 때문에 시간이 늦는 것에 아랑곳하지 않고, 진한 커피를 연거푸 마시면서 작업했지만 버그는 여전히 모습을 드러내지 않았다.

처음에는 설마 했는데, 시간이 새벽 2시를 넘어서자 조금씩 초조한 생각이 들기 시작했다. 혹시 이러다가 버그를 아예 못 잡는 것이 아닌가 하는 조바심이 생기기 시작하자 키보드를 두드리는 손가락이 리듬을 잃고 흐트러졌다. 코드를 아무리 들여다봐도 틀린 곳은 보이지 않았고 디버깅 도구를 이용해서 프로그램의 흐름을 따라가 봐도 잘못된 곳은 발견되지 않았다. 그리하여 새벽 5시가 되자 마침내 '포기'라는 단어가 떠오르기 시작했다.

하지만 몸은 여전히 한 번만, 딱 한 번만 더, 하면서 디버깅 작업을 멈추지 않았고 새벽 6시가 다 되었을 무렵에는 창밖의 하늘이 뿌옇게 밝아오기 시작했다. 멀리 보이는 캠퍼스와 숲의 실루엣을 감싸고 있던 회색빛 하늘은 조용히 떠오르는 태양에게 자리를 내주기 시작했다. 오래전의 일이기도 하고 수첩에 기록해 놓은 것도 없어서 버그가 어떻게 잡혔는지 정확한 내용은 생각나지 않지만, 마침내 버그가 모습을 드러낸 것은 그 무렵이었을 것이다.

마지막이라는 심정으로 시도한 테스트가 마침내 성공했고, 성큼 다가온 아침의 기운을 느끼면서 사실상 포기 상태로 접어들었던 심정은 가슴 벅찬 성취감으로 차오르기 시작했다. 열려 있는 텔넷 화면이 모두 데이터를 힘차게 뿌리면서 위로 올라갔다. TCP 패킷 조각을 주고받으면서 정해진 일들을 한 치의 오차도 없이 수행하기 시작한 것이다.

그 날의 기억은 훗날 회사에 들어가서 실전 프로그래밍을 할 때도 많은 도움이 되었다. AT&T, 버라이즌(Verizon), 텔레포니카(Telefonica), 도이치 텔레콤(Deutch Telecom)과 같은 고객 회사에서 프로그램에 대한 수정 요구가 들어올 때면 반드시 미리 정해진 시간 내에 수정을 끝마쳐야만 하는 긴박한 상황이 수시로 발생했다. 어떤 것은 기술적으로 가능한지 여부조차 확신이 생기지 않을 때도 있었다. 하지만 프로 개발자의 기본적인 자세는 문제를 회피하는 것이 아니라 일단 문제에 부딪혀 보는 것 그리고 끝까지 포기하지 않는 것이기에 결코 어려운 작업을 회피하지 않았다.

정해진 시간을 코앞에 두고도 문제가 해결되지 않을 때면 초조해 하지 않고 우선 매니저를 찾아가서 상황을 설명했다(한국에서도 마찬가지겠지만, 미국 회사에서는 매니저에게 어려운 상황을 '미리' 설명하는 것이 대단히 중요하다. 아무 언질도 없이 정해진 시간에 일을 해결하지 못하면 능력을 평가할 때 좋지 않은 영향을 미친다). 그리고 그 일에 집중할 수 있도록 스케줄을 변경하고 적어도 몇 시간 동안은 전화도 받지 않고, 이메일도 확인하지 않으면서 버그를 찾는 일에 집중했다. 그것이 아무리 어려운 일이라고 해도 마지막 순간까지 포기하지 않는 한 그 날의 환희를 다시 경험할 수 있으리라는 믿음 때문이다.

버그를 찾는 일은 대부분 끈기와 집중력을 테스트하는 과정이다. 기발한 상상력이나 톡톡 튀는 아이디어보다는 복잡하게 꼬인 논리의 실타래를 한 올 한 올 끈질기게 풀어가는 끈질김이 가장 중요한 덕목이기 때문이다. 신중하고 참을성 있게 버그를 잡는 일을 반복하다 보면 새로운 알고리즘을 작성할 때에도 훨씬 탄탄하고 효율적인 논리를 구사하는 능력을 얻는다. 어떤 사람들은 새로운 알고리즘을 창조하는 작업에 비해서 남이 작성한 코드를 읽어야 하는 디버깅을 지루하고 매력이 없는 일이라고 생각하기도 한다. 하지만 디버깅은 프로그래밍 실력을 향상시키는 지름길 중 하나다.

끝으로, 프로그램 디버깅 문제는 아닐지라도 다른 사람이 헝클어 놓은 실타래를 한 올씩 풀어서 답을 찾는 문제를 풀어보자. 이 문제를 만든 사람은 '상대성 이론'으로 유명한 아인슈타인이라고 알려져 있는데, 확인된 바는 없다. 사물을 기억할 수 있는 두뇌의 메모리 용량이 특별하게 큰 사람이 아니라면 아마 종이와 연필을 이용해서 논리의 흐름을 하나씩 따라가는 것이 필요할 것이다. 제한 시간은 3분이다.

: '문제를 풀어 봐'하고 말하는 듯한 아인슈타인(physics.stanford.edu/)

서로 색이 다른 5채의 집이 있다. 각 집에는 출신 나라가 서로 다른 사람이 살고 있다. 각 집주인은 5가지 다른 종류의 음료수를 마시고, 상표가 다른 담배를 피우며, 애완동물을 한 마리씩 기른다. 아래에 주어진 정보를 토대로 '금붕어'를 기르고 있는 사람은 누구인지 밝히는 문제다. 종이와 연

필을 이용하지 않고 눈으로만 보고 답을 찾을 수 있는 사람은 '멋진 사람'
이다.

① 영국 사람은 빨간 집에서 산다.

② 스웨덴 사람은 강아지를 기른다.

③ 덴마크 사람은 차(茶)를 마신다.

④ 초록 집은 하얀 집의 바로 왼쪽에 붙어 있다.

⑤ 초록 집의 주인은 커피를 마신다.

⑥ 팔 몰을 피우는 사람은 새를 기른다.

⑦ 노란 집의 주인은 던힐을 피운다.

⑧ 정 중앙에 있는 집에서 사는 사람은 우유를 마신다.

⑨ 노르웨이 사람은 첫 번째 집에서 산다.

⑩ 블렌드를 피우는 사람은 고양이를 키우는 사람의 이웃이다.

⑪ 말을 키우는 사람의 집은 던힐을 피우는 사람의 옆집이다.

⑫ 블루 매스터를 피우는 사람은 맥주를 마신다.

⑬ 독일 사람은 프린스를 피운다.

⑭ 노르웨이 사람은 파란 집의 이웃이다.

⑮ 블렌드를 피우는 사람은 물을 마시는 이웃을 두고 있다.

한 편의 시(詩)처럼 보이기도 하는 이 문제는 실전 프로그래밍에서 만
나게 되는 디버깅 문제에 비하면 사실 쉽다. 쉽기 때문에 답은 따로 밝히
지 않는다.

톡톡 튀는 알고리즘 만들기

프로그래밍 일을 하다 보면 다른 사람이 작성한 알고리즘을 읽는 경우가
많다. 그렇게 다른 프로그래머가 작성한 알고리즘을 읽어보면 그 사람의
성격이 드러나는 경우가 종종 있다. 어떤 사람은 프로그램을 보기 좋게 깔
끔하게 정리해서 작성한다. 한편 어떤 사람은 들여쓰기(indentation)를
무시하는 것은 기본이고, 변수의 이름을 자기 집 강아지 이름으로 정할 정
도로 성의가 없다.

프로그램의 겉모습을 일정한 표준으로 통일시켜 주는 도구가 있긴 하
지만 그러한 도구가 모든 것을 다 해주지는 않는다. 예를 들어, 변수의 이
름을 명확한 방식으로 작성하는 것은 좋은 프로그래머가 갖추어야 하는
덕목 중 하나다. 프로그램을 작성하는 것은 혼자서 몰래 읽는 일기(日記)
를 쓰는 것이 아니다. 그런데 그렇게 착각하는 사람들이 의외로 많다. 프
로그램을 작성할 때 타인의 시선을 의식하지 않고 혼자만의 코드를 작성
하는 사람은 진정한 의미에서 결코 좋은 프로그래머라고 할 수 없다.

그렇기는 해도 프로그래머의 진정한 개성과 실력을 나타내는 부분은 프로그램의 겉모습이 아니라 프로그램의 내면, 즉 알고리즘이다. 객체 지향 언어를 이용한 객체의 설계든 아니면 스크립트 언어를 이용한 절차적 논리의 구현이든 프로그램의 살과 피를 구성하는 알고리즘의 효율성과 맵시는 프로그래머의 진정한 실력을 반영하는 거울이다.

19세기 초의 천재적인 수학자 가우스를 모르는 사람은 없을 것이다. 가우스가 어렸을 때 1부터 100까지의 수를 모두 더하라는 선생님의 말씀을 듣고 기발한 알고리즘을 이용해서 순식간에 값을 구하여 주변을 놀라게 했다는 일화는 유명하다. 다른 친구들이 열심히 1부터 수를 착실히 더하고 있을 때 가우스는 1과 100을 더하면 101이 되고, 2와 99를 더해도 101이 되는 점에 착안해서 1부터 100까지의 합은 101 곱하기 50과 같다는 사실을 순식간에 파악했던 것이다(50 더하기 51도 101이다. 즉 101이 모두 50개 존재하는 것이다).

듣고 보면 아무것도 아닌 것 같지만 이런 알고리즘은 실제 상황에서 아무나 쉽게 떠올릴 수 없다. 그렇지만 이렇게 절묘한 알고리즘을 떠올리는 능력이 순간적인 기지와 타고난 순발력만으로 이루어지는 것은 아니다. 바로 주어진 문제의 본질을 깊이 이해하는 관찰력과 고정관념에 얽매이지 않는 발랄한 상상력을 갖추고 있을 때 비로소 가능한 것이다. 그런데 이러한 관찰력과 상상력 역시 하루아침에 얻을 수 있는 능력이 아니다.

: 수학의 천재 가우스(www.math.uni-hamburge.de)

사물을 깊이 관찰하는 능력과 자유분방한 상상력을 발휘하는 능력은 평소에 꾸준히 훈련해야만 얻을 수 있다. 또한 꼭 컴퓨터 프로그래밍이나 수학적 논리에 대한 훈련만이 아니라 다른 분야를 다양하게 포함할 때 더 큰 힘을 발휘하게 된다. 그래서 진짜 훌륭한 프로그래머는 방에 앉아서 컴퓨터 화면만 뚫어지게 바라보는 사람이 아니다. 좋은 프로그래머는 소설도 읽고, 영화도 보고, 농구도 하고, 기타도 치고, 정치 토론에도 참여하고, 연애도 하고, 술도 마시는 열정적인 사람이다. 진정한 상상력은 삶의 속살을 이해할 때 비로소 풍부해지기 때문이다.

컴퓨터 과학의 역사에서 전설적인 인물로 기억되는 폰 노이만(Von Neumann)은 활달하고 명랑하여 여러 방면에 관심을 가졌던 것으로 알려진다. 그는 솔직 담백한 성격으로, 포도주와 여자를 좋아했다. 가우스 못지않았던 그의 천재성을 드러내는 일화는 매우 많은데, 그중에서도 다음과 같은 일화가 특히 유명하다.

"두 대의 기차가 150마일 떨어져서 서로를 마주 보며 달려오고 있다. 첫 번째 기차는 시간당 60마일의 속도로 달리고 있다. 두 번째 기차는 시간당 90마일의 속도로 달리고 있다. 첫 번째 기차의 앞부분에 파리가 한 마리 있다. 이 파리는 두 번째 기차를 향해서 날아가서 두 번째 기차의 앞부분에 도착하면 방향을 바꿔서 다시 첫 번째 기차로 날아가고, 또다시 두 번째 기차로 날아가는 과정을 반복한다. 파리는 이와 같은 왕복 운동을 두 기차가 충돌할 때까지 반복한다. 만약 파리의 비행 속도가 시간당 120마일이었다면 파리가 운동한 거리는 전부 얼마일까?"

이 문제는 단순한 수수께끼나 퍼즐이 아니라 수학의 무한급수(infinite series)를 계산해서 답을 구해야 하는 복잡하고 정밀한 문제다. 이 문제를 해결하기 위해서 필요한 무한급수의 공식을 파악하는 것도 간단하지 않거니와 그 급수가 나타내는 계산을 수행하는 과정이 결코 만만치 않은 것이다. 하루는 어느 수학자가 폰 노이만이 어려운 문제를 놓고 고민하는 모습을 보고 싶은 나머지 그에게 이 문제를 던졌다. 그러자 노이만은 불과 몇 초 만에 정확한 답을 내놓아서 수학자를 깜짝 놀라게 했다.

내심 실망한 수학자가 노이만에게 물었다. "아니, 다른 사람들은 대개 무한급수를 통해서 이 문제를 푸는데, 도대체 어떤 방법으로 풀었기에 그렇게 금방 답을 구했습니까?" 그러자 노이만은 이렇게 대답했다고 한다. "뭐라고요? 저도 무한급수를 이용해서 풀었는데요."

이 일화는 노이만의 'CPU'가 다른 사람들의 'CPU'에 비해서 얼마나 빠르고 정확했었는지를 드러내는 사례로 곧잘 인용된다. 그런가 하면 그의 '메모리'가 또한 얼마나 뛰어난 성능을 가지고 있었는지를 보여주는 일화도 매우 많다. 가우스나 노이만 같은 사람은 한 시대를 풍미한 천재들이지만, 부러운 것은 그들의 '천재성'이 아니라 바로 자신이 선택한 일을 진심으로 사랑하여 끝없이 몰두할 수 있었던 '열정'이다. 이 책을 읽는 독자들도 자기 일을 사랑하여 행복하게 몰입하는 '프로'의 모습을 갖추고 있다면 가우스나 노이만 못지않은 사람인 것이다.

이러한 일화들을 염두에 두면서 발랄하고 톡톡 튀는 상상력을 요구하는 알고리즘 문제를 몇 개 풀어보자. 그저 재미만을 위한 문제는 아니다. 가볍지만 흥미로운 문제를 풀면서 각자 '상상력'의 깊이와 프로그래머로서의 '끈기'를 테스트해 볼 수 있기 때문이다. 별로 생각해 보지도 않고 바로 답으로 넘어가지 말고, 잠깐이라도 시간을 투자해서 문제를 풀어보기 바란다. 진정한 '실력'은 책상에 앉아서 공부할 때보다 이렇게 가벼운 마음으로 놀면서 즐길 때 더욱 많이 쌓이는 법이다.

{ 문제 1 }

99개의 값을 저장할 수 있는 배열 item[0], item[1], ..., item[98]이 있다. 1부터 100까지의 값이 들어 있는 집합 {1, 2, 3, ..., 100}에서 무작위로 수를 꺼내서 배열에 저장했다. 집합에 들어 있는 원소의 수는 100개인데 반해서 배열은 값을 99개까지만 저장할 수 있으므로 집합 안에 하나의 숫자가 남았다. 남은 것이 어느 수인지 확인할 수 있는 프로그램을 작성하라.

{ 문제 2 }

앞에서 읽으나 뒤에서 읽으나 똑같은 단어를 우리는 '회문(回文)'이라고 부르고, 영어에서는 '팰린드롬(palindrome)'이라고 한다. 우리말에서 '기러기'나 영어에서 'eye', 'madam' 등이 팰린드롬에 해당한다. 문자열을 입력받아서 입력된 문자가 팰린드롬인지 아닌지 여부를 확인하는 함수를 작성하라. 입력된 문자열이 팰린드롬이면 true를 리턴하고, 아니면 false를 리턴해야 한다.

{ 문제 3 }

2199년 7월 2일은 무슨 요일인가?(7월 2일은 필자의 생일이다. 하지만 문제의 답과는 아무런 상관이 없다)

필자가 컴퓨터 프로그래밍에 정식으로 입문한 것은 머리가 조금씩 굳기 시작한 스물다섯 때였다. 요즘에는 중·고등학교 시절에 이미 뛰어난 프로그래밍 실력을 갖추는 사람이 많은데, 그런 사실을 생각해보면 스물다섯은 매우 늦은 나이가 아닐 수 없다. 늦게 시작하다 보니 다른 사람들에 비해서 순발력이 떨어진다는 사실을 절감할 때가 많았다. 적절한 알고리즘이 생각나지 않아서 쩔쩔매다가 고개를 들어보면 감각이 뛰어난 사람들은 별로 어렵지 않게 알고리즘을 척척 짜내서 속이 상할 때도 잦았다.

하지만 회사에서 프로젝트를 수행하면서 느낀 점은 프로그래밍은 혼자서 하는 바둑이나 테니스 같은 게임이 아니라 팀이 단결해서 호흡을 맞추어야 하는 축구에 더 가깝다는 사실이었다. 사용자의 요구 조건을 분석하고, 시스템을 설계하고, 프로그램을 코딩하고, 테스트하고, 프로젝트 일정을 관리하는 모든 일을 혼자서 할 수는 없다(사장과 직원을 통틀어서 자기 한 사람뿐인 '구멍가게' 회사를 제외하면). 요즘처럼 프로젝트의 규모가 큰 조건에서 모든 일을 혼자서 처리하려면 가우스나 폰 노이만이 온다고 해도 불가능할 것이다. 안정환이나 황선홍은 물론, 호나우두나 지단이 온다고 해도 혼자서 다른 축구팀을 상대할 수 없는 것과 같은 이치다.

분업이 불가피하기 때문에 실전 프로젝트에서는 개개인의 개인기 못 지않게 팀워크(team work)가 중요하다. 아무리 뛰어난 실력을 갖추고 있 는 프로그래머라도 해도 다른 동료들을 무시하면서 혼자 독주하는 사람은 전체 프로젝트에 득이 되기보다는 실이 될 확률이 더 높다. 반면에 실력이 좀 부족한 듯한 프로그래머라도 해도 남들보다 뛰어난 점이 하나쯤은 반 드시 존재하기 마련이므로 성실한 자세만 갖추고 있다면 프로젝트에서 꼭 필요한 빛나는 존재가 될 수 있다(필자가 지향하는 것은 바로 그런 사람이 되는 것이다).

　　축구 선수들이 그런 것처럼 프로그래머들도 팀 내부에서 자기 자신만 의 독특한 포지션(position)을 갖는 것이다. 그래서 훌륭한 프로그래머 는 스스로의 능력에 취해서 팀워크를 해치는 사람이 아니라 자신의 능력 을 깊게 고찰해서 부족한 점은 꾸준히 보강하면서도 강점은 신중하게 살 려 나가는 사람이다. 그런 사람은 성실하기 때문에 다른 사람에 대한 존경 심을 잃는 법이 없다. 프로젝트에서 정말 필요한 사람은 바로 그런 사람이 다. 한편 사람에 대한 예의를 잃은 프로그래머는 아무리 실력이 뛰어나다 고 해도 도움이 되지 않는다.

　　그렇기 때문에 이런 종류의 문제를 얼마나 '빨리' 푸는가 하는 것은 사 실 크게 중요한 것이 아니다. 앞에서는 문제를 빨리 풀수록 좋은 것처럼 말했지만, 실제로 중요한 것은 문제를 푸는 속도가 아니라 끝까지 포기하 지 않고 문제를 해결하려고 하는 '프로' 근성이다. 그런 정신이 투철한 사 람은 일단 답을 구해 놓고도 쉽게 안심을 하지 않는다. 자기가 작성한 알 고리즘이 과연 최선인지 여부를 끝까지 신중하게 고민하기 때문이다. '재 능'은 각자 타고나는 일이므로 어쩔 수 없지만, 이러한 '프로' 정신은 본인 의 노력에 달려 있으므로 후천적이다. '재능'과 '노력' 중에서 더 중요한 것은 '재능'이 아니라 '노력'이라는 사실은 귀에 못이 박이도록 들어온 이야기이므로 다시 강조하지 않겠다.

잠깐 쉬었으므로 이제 첫 번째 문제의 답을 살펴보자. 사실 쉬운 문제였지만 문제의 의미를 정확하게 이해하지 못한 사람은 어렵게 느꼈을 수도 있다. 답을 간단한 프로그램 조각으로 살펴보자면 다음과 같다.

```
int gaussTotal = 5050;
for (i = 0; i < 100; i++)
{
    gaussTotal = gaussTotal - item[i];
}
printf ("남은 숫자 = %d", gaussTotal);
```

집합에 속한 100개의 수가 모두 배열에 저장되어 있다면 1부터 100까지의 수를 담고 있는 배열의 값을 모두 더한 결과는 5050이 될 것이다. 이수는 앞에서 보았던 가우스의 알고리즘을 이용하면 금방 구할 수 있으므로 문제가 되지 않는다.

이제 배열에 담겨 있는 99개의 수를 하나씩 차례로 5050에서 빼 나간다. 그러면 (배열에 하나의 수가 빠져 있으므로) 99개의 수를 뺀 최종적인 결과가 0이 아니라 '어떤 수'가 될 것이다. 바로 그 수가 배열로 옮겨지지 않고 집합에 남아 있던 수라는 사실을 이해하는 것은 별로 어렵지 않다. 아마 많은 사람이 이와 비슷한 알고리즘을 쉽게 떠올릴 수 있었을 것이다. 혹시 답을 찾지 못했더라도 실망하지 않기 바란다. 정작 실망을 해야 할 사람은 답을 찾지 못한 사람이 아니라 쉽게 포기하고 답부터 보려고 했던 사람이기 때문이다.

팰린드롬의 세계

두 번째 문제인 팰린드롬 함수는 문제의 내용을 정확하게 이해했다면 어렵지 않았을 것이다. 팰린드롬 여부를 확인해서 맞으면 참, 틀리면 거짓을 리턴하는 함수를 구현한 코드는 다음과 같다(이 코드는 단순히 알고리즘만 보여주는 것이 아니라 알고리즘의 동작을 테스트하기 위한 메인 함수까지 포함하고 있는 완전한 프로그램이다).

```
int isPalindrome (char* inputString);

void main (int argc, char** args)
{
    int result;

    if (argc < 2)
    {
        printf ("Usage: palindrome inputString \n");
        return;
    }
```

```
    result = isPalindrome (args[1]);

    if (result)
    {
        printf ("it is palindrome \n");
    }

    else
    {
        printf ("it is NOT palindrome \n");
    }
}

/* 팰린드롬 여부를 판별하는 함수 */
int isPalindrome (char* inputString)
{
    int index;
    int length = strlen(inputString);
    int testEndingIndex = length / 2;
    for (index = 0; index < testEndingIndex;
        index++)
    {
        if (inputString[index] !=
          inputString[length-1-index])
        {
            return 0;
        }
    }
    return 1;
}
```

C 언어에 대한 경험이 있는 프로그래머라면 이 정도의 알고리즘은 어

렵지 않게 작성할 수 있을 것이다. 문자열의 순서를 거꾸로 뒤집는 알고리즘, 입력된 문자를 정수로 바꾸거나 정수를 문자로 바꾸는 알고리즘 등은 C 언어를 이용하는 알고리즘 퀴즈에서 단골로 등장하는 문제다. 이런 문제들은 기본적인 원리가 단순하고 명료해서 간단한 퀴즈에 매우 적합하다. 간단하면서도 메모리 사용이나 CPU 사용을 놓고 최적화의 문제를 생각해 볼 여지가 많기 때문에 더욱 좋은 소재가 된다. 말하자면 팰린드롬을 확인하는 이 알고리즘도 그와 같은 전형적인 알고리즘에 속한다.

앞의 isPalindrome 함수의 내용을 읽어보면 이 함수가 목적에 맞게 동작하리라는 점은 이해할 수 있다. 이와 비슷한 모습의 알고리즘을 생각한 사람은 일단 답을 맞힌 셈이다. 그런데 앞의 알고리즘은 효율성 면에서 생각해 볼 부분이 있다. 그것은 어느 곳일까?

for 루프 내부에 존재하는 if의 조건문에 눈길이 갔다면 합격이다. if 조건문은 두 문자가 같은지 여부를 확인하고 있는데, 그 중 'inputString[length-1-index]'에서 'length-1-index'는 루프가 반복될 때마다 비교하는 문자의 위치를 입력된 문자열의 맨 끝에서부터 안쪽(혹은 왼쪽)으로 한 칸씩 옮기는 계산을 수행한다. 예를 들어, 입력된 문자가 'madam'이었다고 하자. 문자의 위치를 나타내는 index의 계산은 다음과 같은 과정을 밟을 것이다('madam'이라는 문자열의 길이, 즉 length의 값은 5에 해당한다).

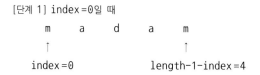

[단계 1] index=0일 때

```
    m      a      d      a      m
    ↑                    ↑
  index=0              length-1-index=4
```

```
[단계 2] index = 1일 때

    m    a    d    a    m
         ↑         ↑
       index = 1  length-1-index = 3
```

이렇게 문자열의 길이가 짧은 경우에는 크게 문제 될 것이 없지만, 문자열의 길이가 매우 길거나 혹은 for 루프가 이중, 삼중으로 중첩된 경우에는 'length-1-index'라는 계산을 루프가 실행될 때마다 수행하는 것은 전체적인 성능에서 보았을 때 불필요한 연산을 반복하고 있는 셈이 된다.

다시 말해서 'length-1-index'라는 계산에서 적어도 'length-1'은 for 루프의 바깥에서 미리 수행될 수 있기 때문에 그렇게 하는 것이 조금이라도 더 효율적이다. 그렇게 하면 루프가 실행될 때마다 'length-1'이라는 빼기(minus) 연산을 수행하는 것을 피할 수 있기 때문이다. isPalindrome 함수의 내용을 천천히 읽어보면서 혹시 다른 연산을 절약할 방법이 없을지 생각해보기 바란다.

한편 팰린드롬과 관련해서는 흥미로운 수학적 관찰이 알려져 있다. 컴퓨터학자 그루엔버거(F. Gruenberger)는 1984년에 미국의 잡지 「사이언티픽 아메리칸(Scientific American)」에 실린 '컴퓨터 레크리에이션(Computer Recreations)'이라는 칼럼에서 다음과 같은 재미있는 알고리즘을 제기해서 많은 사람의 관심을 끌었다.

❶ 숫자를 아무거나 골라라.

❷ 그 수를 뒤집어라(예를 들어, 13을 골랐으면 31로 뒤집는다). 그다음 뒤집힌 수를 원래 수에 더하라(13 + 31).

❸ 두 수를 더한 결과가 팰린드롬이 아니라면 ❷로 되돌아가서 동일한 과정을 반복한다. 두 수를 더한 결과가 팰린드롬이면 알고리즘을 종료한다.

위에서 예를 든 13을 생각해보자. 13 더하기 31은 44이므로 팰린드롬이다. 그럼 약간 더 복잡한 87을 예로 들어보자.

```
87 + 78 = 165
165 + 561 = 726
726 + 627 = 1353
1353 + 3531 = 4884
```

4884는 팰린드롬이므로 알고리즘이 종료되었다. 궁금한 사람은 몇 가지 다른 숫자를 가지고 그루엔버거의 알고리즘을 실행해보기 바란다. 매우 재미있는 현상을 발견하게 될 것이다.

```
(N = 12일 때)
12 + 21 = 33        (33이 팰린드롬이므로 종료)

(N = 14일 때)
14 + 41 = 55        (55가 팰린드롬이므로 종료)

(N = 19일 때)
19 + 91 = 110
110 + 011 = 121     (121이 팰린드롬이므로 종료)

(N = 125일 때)
125 + 521 = 646     (646이 팰린드롬이므로 종료)
```

이와 같은 팰린드롬 알고리즘은 실로 매혹적인 마술처럼 다가와서 많은 사람의 관심을 집중시켰다. 사람들은 과연 세상에 존재하는 모든 수가 그루엔버거 알고리즘을 최종적으로 종료시킬 것인가, 즉 모든 수가 궁극적으로 팰린드롬이 될 것인가의 여부를 궁금해했다. 언뜻 보기에 그것은 사실인 것 같았다. 대부분의 수가 어느 정도의 계산이 수행되고 나면 팰린드롬이 되는 것이 속속 확인되었기 때문이다.

하지만 수학에서 명제가 증명되는 과정을 알고 있는 사람이라면 '대부분의' 수가 팰린드롬이 된다고 해서 '모든' 수가 팰린드롬이 되는 것은 아니라는 사실을 잘 알고 있을 것이다. 사람들의 직관은 이 알고리즘을 모든 수에 대해서 적용할 수 있을 것이라는 쪽으로 기울었지만, 불행하게도 그것을 증명할 수 있는 수학적 방법은 발견하지 못했다. 무엇보다도 팰린드롬 알고리즘의 공격 앞에서 쉽게 투항하지 않고 끝까지 끈질기게 저항하는 골치 아픈 수가 있다는 사실이 팰린드롬의 천하 통일을 방해했다. 그중에서 값이 제일 작으면서도 가장 끈질기게 버티고 있는 수가 바로 '196'이다.

'196 알고리즘' 혹은 '196 문제'라고 널리 알려져 있는 문제는 196이라는 숫자에 대해서 앞의 알고리즘을 적용했을 때 과연 팰린드롬을 얻을 수 있는가?하고 묻는 것을 의미한다. 흥미가 있는 사람은 이 그루엔버거 알고리즘을 실행할 수 있는 간단한 프로그램을 작성한 다음 196을 입력해서 돌려보기 바란다. 아마 재미있는(?) 결과를 얻게 될 것이다.

196은 작은 수인 것처럼 보이지만 그루엔버거 알고리즘을 반복해서 실행하다 보면 수의 크기가 점점 빠른 속도로 증가하기 때문에 어느 순간이 되면 계산의 결과가 컴퓨터에서 수를 저장할 수 있는 비트의 단위를 뛰어넘는다. 이런 상황이 되면 커다란 수를 저장할 수 있는 특별한 알고리즘을 동원하지 않으면 계산을 진행할 수 없다. 이 경우 메모리나 비트 수와 같은 '공간'만 문제가 되는 것이 아니라 계산을 수행하는 '시간'도 문제가 된다. 특별한 알고리즘에 따라서 저장된 숫자를 가지고 하는 계산은 그 자체로 매우 복잡하고 정교한 연산을 필요로 하기 때문이다.

존 워커(John Walker)라는 사람은 1987년부터 1990년까지 무려 3년에 걸쳐서 1백만 개의 숫자로 이루어진 수(하나의 숫자를 표현하기 위해서 동원되는 수가 1백만 개라는 의미다)에 이르기까지 계산을 진행했지만, 결국 196으로 시작되는 팰린드롬을 찾아내지 못했다. 1995년에는 팀 어빈(Tim Irvin)이라는 사람이 좀 더 향상된 컴퓨터의 성능에 힘입어 2개월 만에 2백만 개의 숫자로 이루어진 수에 이르기까지 계산을 밀고 나갔지만, 결국 팰린드롬에는 이르지 못했다. 6년 뒤인 2001년에 와서는 제이슨 도우세트(Jason Doucette)라는 사람이 1천3백만 개의 숫자로 이루어진(파일에 이 숫자 하나를 적으면 파일의 크기가 13MB가 되는 것이다) 수에 이르도록 계산을 수행했지만 끝내 팰린드롬을 확인하지 못했다.

이 정처 없는 여정은 현재 웨이드 반 랜딩험(Wade van Landingham)이라는 사람에 의해서 무려 7천만 개의 숫자로 이루어진 수까지 진행되었다고 한다. 하지만 팰린드롬이 나타날 조짐은 아직도 보이지 않고 있다.

생각해 보면 196이 팰린드롬에 이르게 될 것인가의 여부는 우리에게 특별한 의미를 주지는 않는다. 그것이 궁극적으로 팰린드롬이 되거나 말거나 우리의 생활은 달라질 것이 없다. 세상에 존재하는 '모든' 수가 반드시 팰린드롬에 이르게 될 것이라는 사실을 논리적으로 증명할 수 있는 '수학적' 증명이 존재하지 않는 한 196이라는 특정한 수가 팰린드롬에 이른다는 사실을 밝혀내는 것은 그 자체로도 별 의미가 없다.

그럼에도 불구하고 사람들은 포기하지 않고 계속해서 196을 탐색하고 있다. 이러한 탐색의 과정을 통해서 컴퓨터 자원을 효율적으로 사용할 수 있도록 하는 유익한 알고리즘이 개발되기도 하지만, 사람들이 이러한 탐색에 뛰어드는 동기에는 특별한 이유가 없다. 바로 그것이 재미있는 점이다. 사람들은 종종 '왜'라는 질문 앞에서 굳이 설명할 길이 없는 그런 일들을 위해서 삶을 바치기도 한다. 아무 대가가 없는데 모험으로 가득 찬 고

난의 길을 스스로 떠난다.

팰린드롬 자체는 수학적 퍼즐이나 패턴을 즐기는 '매니아'들만을 위한 문제인 것처럼 보이지만, 많은 알고리즘이 대개 이유 없는 모험의 과정을 통해서 탄생했다. 인간의 역사도 마찬가지다. 역사는 정해진 길만을 가기 위해서 다람쥐 같은 삶을 반복하는 사람들이 아니라 아무것도 정해지지 않은 미지의 세계에 자신의 삶을 던지는 용기 있는 사람들에 의해서 쓰여진다. 196이 그루엔버거의 알고리즘을 종료시킨다는 사실이 밝혀지게 되는 날, 우리는 그 용감한 모험가의 이름을 알게 될 것이다.

콘웨이의 둠스데이 알고리즘

여덟 번째.

이제 마지막 문제인 3번의 답을 생각해 볼 차례가 되었다. 별다른 설명도 없이 2199년 7월 2일이 무슨 요일인지 맞추라고 했으니, 슬며시 PC의 오른쪽 구석에 있는 달력 프로그램을 끄집어내서 2199년의 달력을 보려고 한 사람도 있었을 것이다. 그런 사람에게는 안됐지만 윈도우의 달력 프로그램은 2099년 이후의 날짜는 보여주지 않는다.

답부터 밝히자면 2199년 7월 2일은 화요일이다. 답이 기껏해야 7개의 요일 중에서 하나를 고르는 것이므로 운 좋게 맞춘 사람도 있었겠지만, 실제로 답을 구하는 과정은 만만치 않게 복잡하다. 스스로 절묘한 알고리즘을 창안해서 답을 구한 사람도 (드물게) 있겠지만 여기에서는 존 콘웨이(John Conway) 교수의 '둠스데이(doomsday)' 알고리즘을 토대로 한 방법을 설명하려고 한다.

현재 미국 뉴저지 프린스톤 대학 수학과에 적을 두고 있는 콘웨이 교수는 너무나도 유명한 '인생 게임(Game of life)'의 발명자로 잘 알려져 있다. 수학의 정수론(number theory), 코딩 이론(coding theory), 타일링(tiling), 게임 이론(game theory) 등의 분야에서 무수한 학문적 업적을 남긴 그가 일생을 통해서 창안해 낸 수학적 게임과 퍼즐은 너무나 많아서 일일이 열거할 수도 없다.

그중 하나인 '둠스데이' 알고리즘은 비록 '게임'은 아니지만 파티에서 처음 만난 여성의 관심을 끌고자 할 때 도움이 되었기 때문에 많은 '플레이보이'들이 수학에 관심을 갖는 데 공헌했다는 '카더라' 일화도 전해진다. 예를 들어, "당신의 생일을 말해 보세요. 제가 요일을 맞추겠습니다." "아무 해나 말씀해 보세요. 제가 그 해 발렌타인데이의 요일을 맞추어 보겠습니다."라는 식의 다소 느끼하지만 흥미로운 질문을 던짐으로써 일단 마음에 드는 사람의 관심을 끌 수 있었다는 것이다.

달력이나 날짜를 다루는 일은 단순히 게임의 대상으로 그치는 것이 아니라 실전 프로그래밍에서도 자주 등장하는 문제다. 특히 필자가 루슨트에서 개발하고 있는 네트워크 관리 프로그램의 경우에는 고객 회사가 세

계 각지에 퍼져 있기 때문에 날짜를 표시하는 방법이나 시간대를 지역 환경에 맞게 변환하는 일은 중요한 의미가 있다.

보통 사람들은 평상시에 잘 느끼지 못하겠지만, 지구 상에는 수백 개의 서로 다른 시간대가 존재하며, 시간을 표시하는 방법도 저마다 다르다. 조금 다른 이야기지만 문자를 표현하는 방법도 흔히 알고 있는 것처럼 왼쪽에서 오른쪽으로 진행하는 것이 아니라 그 반대의 경우도 있기 때문에 소프트웨어를 개발하는 사람은 그런 차이를 모두 숙지하여 사용자의 조건에 맞는 시간을 화면에 보여줘야 한다. 이런 것을 보면 소프트웨어의 설계가 단순히 추상적이고 수학적인 논리의 영역에서만 머무는 것이 아니라 우리의 구체적인 일상 세계의 문제까지 포함한다는 사실을 알 수 있다.

앞에서도 이야기한 바와 같이 알고리즘을 작성한다는 것은 우선 해당 알고리즘이 실행되는 환경을 둘러싸고 있는 '게임의 법칙'을 철저하게 이해하는 것을 전제로 한다. 알고리즘의 기본적인 골격, 즉 추상적인 수학적 논리의 전개는 환경에 상관없이 동일할지 몰라도, 실제 알고리즘의 모습은 프로그램이 실행되는 환경에 따라 달라진다. 예를 들어, C나 C++로 프로그램을 작성하는 사람은 항상 프로그램이 실행되는 컴퓨터의 하드웨어 구조와 운영체제의 '규칙'을 염두에 두어야 한다. 마찬가지로 자바(Java)와 같이 프로그램이 가상 시스템(virtual machine)에서 실행되는 경우에도 가상 시스템이 가지고 있는 '규칙'을 숙지해야만 좋은 프로그램을 작성할 수 있다.

	Java Language						
Java Language	**Java Language**						
	java	javac	javadoc	jar	javap	jdeps	Scripting
Tools & Tool APIs	Security	Monitoring	JConsole	VisualVM	JMC	JFR	
	JPDA	JVM TI	IDL	RMI	Java DB	Deployment	
	Internationalization		Web Services		Troubleshooting		
Deployment	Java Web Start			Applet / Java Plug-in			
	JavaFX						
User Interface Toolkits	Swing		Java 2D	AWT		Accessibility	
	Drag and Drop	Input Methods		Image I/O	Print Service		Sound
Integration Libraries	IDL	JDBC	JNDI	RMI	RMI-IIOP		Scripting
Other Base Libraries	Beans	Security		Serialization	Extension Mechanism		
	JMX	XML JAXP		Networking	Override Mechanism		
	JNI	Date and Time		Input/Output	Internationalization		
	lang and util						
lang and util Base Libraries	Math	Collections		Ref Objects	Regular Expressions		
	Logging	Management		Instrumentation	Concurrency Utilities		
	Reflection	Versioning		Preferences API	JAR		Zip
Java Virtual Machine	**Java HotSpot Client and Server VM**						

: '자바'라는 언어는 이렇게 복잡한 구조를 가지고 있는 빌딩이다(www.oracle.com)

콘웨이 교수의 둠스데이 알고리즘의 경우에는 알고리즘이 실행되는 환경이 우리가 오늘날 사용하고 있는 '그레고리 달력'이다. 수많은 정렬 알고리즘이 하늘에서 뚝 떨어진 것이 아니라고 말했던 것과 마찬가지로 우리가 사용하는 달력 알고리즘 역시 어느 날 갑자기 생겨난 것이 아니라 많은 사람의 치열한 고민과 연구를 통해서 탄생한 '작품'이다.

지구가 태양을 한 바퀴 도는 데 걸리는 시간을 의미하는 '년(年)', 보름달과 다음 보름달 사이의 시간을 의미하는 '월(月)' 그리고 지구가 스스로 한 바퀴 자전하는 데 걸리는 시간을 의미하는 '일(日)'은 계절의 움직임을 정확하게 읽는 것이 대단히 중요했던 농경 문화를 중심으로 발전한 일종의 '눈금'이라고 볼 수 있다. 하지만 눈금을 아무리 정교하게 만들어도 그것이 해와 달과 지구의 실제 움직임과 100% 일치하도록 만들 수 없었던 것이 인류의 고민이었다.

예를 들어, 보름달과 보름달 사이의 존재하는 실제 평균 시간은 29.5일인데, 모든 달을 29.5일로 만들면 한 해의 길이가 354일이 된다. 만약 한 해의 길이가 354일에 불과한 달력을 만들어서 사용하면 시간이 흐를수록 달력과 계절이 일치하지 않는 문제가 생긴다. 이러한 문제점을 깨달은 이집트 천문학자들은 1년의 길이를 오늘날과 같은 365일로 하고, 4년마다 한 번씩 하루를 더하는 '알고리즘'을 처음으로 만들었다.

이 달력은 오랫동안 사용되었지만, 그 안에도 약간의 오차가 (말하자면 버그가!) 숨어 있었다. 미세한 오차가 누적되어 1582년 무렵에 이르렀을 때 사람들은 계절과 달력이 대략 6일 정도의 차이를 보인다는 사실을 발견하고 그 차이를 해소할 수 있도록 하는 '디버깅'을 실시하였다. 그리하여 당시의 교황 그레고리 13세는 새로운 세기가 시작되는 해(즉 100으로 나누어떨어지는 해) 중에서 400으로 나누어떨어지지 않는 해는 윤년이 아닌 것으로 간주하도록 알고리즘에 수정을 가했다.

예를 들어, 1900년과 같은 경우는 4로 나누어떨어지므로 윤년이 되어야 하는데, 400으로 나누면 정확하게 떨어지지 않으므로 '그레고리 알고리즘'에 따라 윤년이 아니다. 한편 2000년은 4로 나누어도 떨어지고, 400으로도 나누어떨어지므로 윤년이다. 또 2100년은 4로는 나눠지지만, 400으로는 나눠지 않으므로 윤년이 아니다.

위와 같은 복잡한 경우를 정리하여 다음과 같이 기억해두자.

❶ 해를 4로 나누어떨어지면 2월의 끝에 하루가 더 붙는 '윤년(閏年)'이다. 윤년은 하루가 더 있기 때문에 한 해의 길이가 366일이다.

❷ 해를 100으로 나누어떨어지고 (즉 새로운 세기가 시작되고) 동시에 400으로 나누어떨어지지 않으면 윤년이 아니다.

이제 막 새로운 세기가 시작된 2003년의 시점에서 프로그램을 만들 때 2100년에 일어날 일을 고민하는 사람은 아마 없을 것이다. 하지만 만약 여러분이 작성한 프로그램이 '윤년'을 정확하게 인식할 필요가 있다면 2100년은 윤년이 되지 않는다는 점을 알고리즘 속에 분명히 집어넣기 바란다. 그렇게 하지 않는다면 지금으로부터 97년 후의 사람들은 아마도 '2100 윤년' 문제 때문에 Y2K에 못지않은 난리를 겪게 될지도 모르는 일이다.

콘웨이의 둠스데이 알고리즘이 동작하는 원리는 사실 간단하다. 그것은 우선 다양한 날짜의 요일을 맞추기 위해서 필요한 '기준'을 설정한 다음, 요일의 움직임이 7을 중심으로 순환한다는 사실과 윤년에 대한 약간의 고려를 통해서 주어진 날짜의 요일을 맞추는 것이다. 이때 '기준'에 해당하는 날짜를 일컬어서 '둠스데이'라고 한다.

둠스데이는 평년의 경우에는 2월 28일, 윤년의 경우에는 2월 29일이다. 특정한 해(예를 들어서 1900년)의 둠스데이가 무슨 요일인가가 밝혀지면 나머지는 전부 콘웨이의 알고리즘에 따라서 쉽게 밝혀지게 되어 있다. 예를 들어, 2003년의 둠스데이(즉 2월 28일)의 요일은 금요일이었다. 그렇다면 올해 크리스마스의 요일은 무엇일까?

이 장면에서 눈을 하늘로 치켜뜨고, 중얼거리면서 계산을 하면 기껏 관심을 잡아 놓았던 여성이 기겁하면서 달아난다. 그런 사태를 미연에 방지하기 위해서 둠스데이 알고리즘을 훨씬 빠르고 정확하게 실행하도록 도와주는 '도우미'들이 있다. 그것은 조선조 왕의 순서를 기억하기 위해서 '태종태세문단세..'를 외웠던 것과 마찬가지의 개념이다.

요일은 7을 기준으로 순환하기 때문에 (수학적인 용어로는 mod 7) 7일을 더듬어 올라간 날의 요일은 둠스데이의 요일과 항상 일치한다. 이런 방법을 통해서 둠스데이와 요일이 항상 같을 수밖에 없는 날을 매달마다 하나씩 기억해 두는 것이 둠스데이 알고리즘을 빠르게 실행하는 요령이다.

4월 4일	6월 6일	8월 8일	10월 10일	12월 12일
9월 5일	5월 9일	7월 11일	11월 7일	3월 7일

이 날짜들이 둠스데이의 요일과 항상 같을 수밖에 없는 것은 이 날짜들이 모두 7을 중심으로 순환하고 있기 때문이다. 궁금한 사람은 직접 달력에서 확인해 보기 바란다. 이제 2003년 크리스마스의 요일을 쉽게 계산할 수 있게 되었다. 2003년의 둠스데이가 금요일이었으므로 12월 12일도 금요일이다. 이제 12일에 7의 배수인 14를 더하면 26일이 되는데 7의 배수를 더했으므로 이날도 금요일이다. 그렇다면 바로 전날인 25일의 요일이 목요일이라는 점은 쉽게 알 수 있다.

그럼 올해 필자의 생일인 7월 2일의 요일은 무엇이었을까? 7월 11일이 둠스데이와 같으므로 금요일이다. 여기에서 7을 뺀 7월 4일도 역시 금요일이다. 그렇다면 7월 2일은 수요일이었다는 사실을 금방 알 수 있다.

그렇다면 '해'가 바뀌는 경우에는 어떻게 계산을 수행하는지 궁금할 것이다. 해가 바뀌는 경우에는 1년이 지날 때마다 둠스데이의 요일이 한 칸씩 달라지는데, 윤년의 경우에는 두 칸이 달라진다는 점만 기억하면 된다. 다시 말해서 1900년의 둠스데이가 수요일이었다면 1901년의 둠스데이는 목요일, 1902년의 둠스데이는 금요일, 1903년의 둠스데이는 토요일 그리고 1904년의 둠스데이는 (윤년이므로 일요일은 건너뛰고) 월요일이 된다.

정확한 계산 능력이 부족한 사람은 이쯤에서부터 혼란스럽게 느끼기 시작한다. 그런 사람들을 위해서 콘웨이 교수는 다음과 같은 리스트를 제공하였다.

6, 11.5, 17, 23, 28, 34, 39.5, 45, 51, 56, 62, 67.5, 73, 79, 84, 90, 95.5

이 리스트의 의미는 1900년의 둠스데이가 수요일이라고 했을 때, 1906년, 1917년, 1923년 등의 둠스데이가 모두 1900년과 동일하다는 의미다. 리스트에서 11.5의 의미는 1911년의 둠스데이는 1900년의 둠스데이에서 한 칸을 뺀 화요일이고, 1912년의 둠스데이는 1900년의 둠스데이에 한 칸을 더한 목요일이라는 의미다. 이 리스트를 암기하면 20세기 전체의 둠스데이에 대한 '기준점'이 생기므로 복잡한 계산을 수행하지 않아도 각 해의 둠스데이를 금방 찾아낼 수 있다(이 리스트를 외우느니 차라리 플레이보이 노릇을 그만두겠다는 사람도 있을 법하다).

이 리스트는 1900년부터 시작되는 20세기의 해에 대해서 기준점을 제공한다. 따라서 이 리스트를 '암기'한다면 어느 누구에게라도 "생일이 언제인지 말씀해 보세요. 제가 당신의 생일이 무슨 요일이었는지 맞춰 보겠습니다." 정도는 할 수 있게 된다. 예를 들어, 어느 멋진 아가씨가 말하기를 "제 생일은 1992년 9월 13일입니다."라고 한다면 복잡하게 생각할 것도 없이 요일을 금방 맞출 수 있다.

콘웨이의 리스트에 90이 있으므로 1990년의 둠스데이는 수요일이다. 따라서 그로부터 두 해가 지난 1992년의 둠스데이는 금요일이라고 생각하면 아가씨 앞에서 망신을 당하게 되니 큰일이다. 1992년은 윤년이기 때문에 한 칸을 움직이는 것이 아니라 두 칸을 움직여야 한다는 점을 잊으면 곤란하다. 두 칸을 움직이면 1992년의 둠스데이가 토요일이 된다는 사실을 정확히 계산해야 한다. 이제 9월의 둠스데이가 며칠이었는지 생각해 내면 답은 거의 완성된다. 앞에서 보았듯이 9월 5일은 둠스데이와 요일이 같으므로 토요일이다. 5일에 7을 더하면 12가 되므로 12일도 토요일이다. 따라서 1992년 9월 13일은 일요일이라는 사실을 알 수 있다.

그런데 세기가 바뀌면 콘웨이의 리스트도 별로 소용이 없다. 앞에서 문제 3번은 2199년 7월 2일의 요일을 묻고 있는데, 2199년의 둠스데이가 무슨 요일인지 알 수 없다면 문제를 풀기 어렵다. 세기를 달리하는 해의 둠스데이를 알아내는 마술 같은 방법 따위는 없다. 다만 100으로 나누어떨어지는 해를 달력에 표시하면 그들 사이에 일정한 패턴이 존재한다는 사실 정도가 도움이 된다.

일	월	화	수	목	금	토
1599		1600	1601	1602		
1700	1701	1702	1703		1704	1705
	1796	1797	1798	1799	1800	1801
1897	1898	1899	1900	1901	1902	1903
1999			2000	2001	2002	2003
2100	2101	2102	2103		2104	2105
	2196	2197	2198	2199	2200	2201
2297	2298	2299	2300	2301	2302	2303
2399		2400	2401	2402	2403	
2500	2501	2502	2503		2504	2505

왜 중간에 연도가 생략되었는지는 스스로 생각해보기 바란다. 앞에서 출제했던 3번 문제의 답은 이와 같은 패턴을 한 번쯤 짚어 볼 정도로 둠스데이 알고리즘을 열심히 파고든 사람이 아니면 맞추기 힘든 문제였다. 이 달력에서 볼 수 있듯이 2199년의 둠스데이는 목요일이다. 따라서 7월 11일도 목요일이다. 11일에서 7을 뺀 4일도 목요일이 되므로 2199년 7월 2일은 화요일이 되는 것이다.

문제는 아주 간단했지만 답은 제일 길고 어렵다. 이렇게 요일을 맞추는 문제가 컴퓨터 프로그래밍에서의 알고리즘과 어떤 관계가 있는 것인지 잘 모르겠다는 사람은 다시 생각해 보기 바란다. 프로그래밍은 단순히 컴퓨터 프로그래밍 언어가 가지고 있는 문법을 익힌 다음 그 문법에 맞춰서 기계적으로 동작하는 알고리즘을 작성하는 일이 아니다.

프로그래밍이란 사람의 삶 속에서 일어나는 구체적인 일들을 사이버 세상으로 옮겨주는 마법의 통로와 같은 역할을 한다. 그런데 이 마법의 비밀은 프로그래밍 언어의 딱딱한 문법에 놓여 있는 것이 아니라 '논리'와 '삶'의 속살을 깊이 이해하는 과정 속에 있다. 그래서 컴퓨터 프로그래밍은 컴퓨터 앞에 앉아서 하는 것만이 아니다.

달력을 볼 때도, 버스의 시간표를 볼 때도, 은행에서 일을 볼 때도, 여행 계획을 짤 때도, 친구들과 떠들썩하게 술을 마실 때도, 소설을 읽을 때도, 어지러운 정치판을 바라볼 때도 그리고 연애를 할 때도, 우리는 머릿속에서 (혹은 가슴속에서) 알고리즘을 끊임없이 만들었다 지우기를 반복한다. 잠을 잘 때 꿈속에서조차 프로그램을 만든다(실제로 며칠을 고민하던 버그를 꿈속에서 잡았던 사람도 있을 것이다. 필자가 한국에 있을 때 알던 선배는 아주 어려운 문제가 생기면 항상 꿈에서 '산신령'이 나타나서 힌트를 주고 사라진다고 말했다. 농담이 아니다).

마지막으로 숙제가 하나 있다. 둠스데이 알고리즘을 바탕으로 해서 년, 월, 일로 이루어진 날짜를 입력하면 그 날짜의 요일을 계산해서 출력하는 프로그램을 작성해 보기 바란다. 직접 프로그램을 작성해 보면 콘웨이의 둠스데이 알고리즘의 묘미가 더욱 색다르게 느껴질 것이다.

2. 장.

록과 함께하는 정오의 활기

록의 정신을 '저항'이라고 말하는 사람이 많다. 그 말을 처음 들은 것은 아주 오래전의 일인 것 같은데, 아직도 그 말이 잘 이해되지 않는다. 필자의 귀에는 록이 '저항'이 아니라 그저 서정적인 영혼의 함성처럼 들리기 때문이다. 점심시간에 가끔 '벅스뮤직'에 들어가서 레드 제플린을 들으면 귀는 시끄러워도 마음은 차분해진다. 이 장에서 소개하는 내용은 정렬, 검색, 해시, 동적 프로그래밍, 사운덱스 알고리즘, 메르센느 소수 찾기 그리고 문학적 프로그래밍 등이다. 알고리즘의 '록'이다.

정렬 알고리즘

'알고리즘'이라는 말을 들었을 때 프로그래머의 머릿속에 제일 먼저 떠오르는 것은 입력된 데이터를 순서대로 나열하는 '정렬(sort)' 알고리즘이다. 정렬 알고리즘은 컴퓨터 프로그래밍에 입문하는 사람들이 맨 처음에 공부하는 기초적인 초식이며, 바둑으로 따지면 기본 정석에 해당한다. 실전 프로그래밍에서는 정렬 알고리즘이 대개 라이브러리나 API를 통해서 미리 주어져 있기 때문에 직접 작성하는 경우는 드물다. 하지만 정렬 알고리즘 속에는 프로그래밍에서 마주치는 알고리즘 문제의 '피와 살'이 모두 녹아 있다.

알고리즘을 집대성한 『컴퓨터 프로그래밍의 예술(The Art of Computer Programming)』의 저자 도널드 커누스 교수는 정렬 알고리즘에 대해서 지금으로부터 30여 년 전에 다음과 같이 말했다.

"정렬은 전통적으로 비즈니스 데이터 처리의 과정에서 사용되어 왔지만 모든 프로그래머가 다양한 상황에서 사용하기 위해서 반드시 기억해야 하는 기초적인 도구다."

- 『The Art of Computer Programming 3: 정렬과 검색(개정2판)』

그런 다음 그는 주어진 개체를 순서대로 재배치하는 작업을 일컫는 '소팅(sorting)'이라는 말은 사실 영어에서 '오더링(ordering)'에 더 가깝다고 지적하면서 다음과 같은 '우스갯소리'를 했다. 이것은 번역하면 맛이 사라지므로 영어로 된 원문부터 보기로 하자.

"Since only two of our tape drivers were in working order, I was ordered to order more tape units in short order, in order to order the data several orders of magnitude faster."
(단지 두 개의 테이프 드라이버만 동작하는 상태였기 때문에 데이터를 중요성에 따라 좀 더 빠르게 정렬하기 위해서 더 많은 테이프 유닛을 주문하라는 명령이 내게 떨어졌다.)

어쩐지 토플 시험 같은 느낌이 들지만, 앞의 영어 원문에서 우리가 알고 있는 '정렬 알고리즘'에서의 '정렬'의 의미로 사용된 'order'가 어느 것인지 확인해보기 바란다. 다음은 한국어 시험을 치르는 외국인들을 위한 비슷한 문제로 '정렬 알고리즘'에서의 '정렬'을 찾는 문제다.

"김정렬씨는 운동회 때 '좌우로 정렬'을 외치면서 정열을 불태웠다."

정렬은 기본적인 초식이지만, 매우 풍부한 내용을 담고 있기 때문에 프로그래밍에 존재하는 모든 알고리즘의 뿌리가 궁극적으로는 정렬 알고리즘에 닿아 있다고 말할 수 있다. 정렬 알고리즘 속에는 '분할 점령 (divide and conquer)'이나 '재귀(recursive)'와 같은 알고리즘 작성에서의 핵심적인 방법론을 비롯하여, 알고리즘의 최적화, 속도 분석, 메모리 사용량 분석과 같은 구체적인 논점들이 담겨 있기 때문에 기본적이긴 하지만 결코 '쉬운' 내용이라고 볼 수 없다(사람들은 흔히 '기본적인' 것은 '쉽다'고 착각한다. 그렇다. 그것은 착각이다).

프로그래밍을 학교에서 정통으로 배운 사람은 물론 야전에서 익힌 사람이라도 '퀵 정렬(quick sort)', '거품 정렬(bubble sort)', '선택 정렬(select sort)', '삽입 정렬(insert sort)', '병합 정렬(merge sort)', '기수 정렬(radix sort)' 등과 같은 정렬 알고리즘의 이름은 수없이 들어서 익숙할 것이다. 하지만 예를 들어 "거품 정렬을 작성해 보시오"했을 때 키보드를 자신만만하게 끌어당길 수 있는 사람은 사실 많지 않다.

물론 정렬 알고리즘을 줄줄 꿰차고 있어야 실력 있는 프로그래머라는 의미는 아니다. 중요한 것은 알고리즘 내부에 녹아 있는 영양분을 흡수해서 자기 자신의 피와 살로 만드는 데 있지, 알고리즘의 내용을 '형식적으로' 암기하는 것은 별 의미가 없다.

이러한 정렬 알고리즘 중에서 가장 널리 알려져 있는 것 중 하나가 퀵 정렬이다. 퀵 정렬은 현재 옥스퍼드 대학의 명예 교수인 토니 호어(Tony Hoare)가 60년대에 발명한 알고리즘으로 '재귀'를 토대로 만들어진 매우 간단하고 아름다운 정렬 기법이다. 박사 학위가 없었음에도, 스탠퍼드 대학에서 컴퓨터를 강의할 정도로 실력을 인정받았던 로버트 플로이드(Robert W. Floyd) 교수 역시 퀵 정렬의 최적화에 커다란 공헌을 한 것으로 알려져 있다.

퀵 정렬 알고리즘의 개요를 간략하게 살펴보자면 다음과 같다. 이는 진짜 프로그래밍 언어로 작성된 것이 아니라 대략적인 개념을 전달하기 위한 유사 코드(pseudo code)로 작성되었다.

```
quicksort (list)
{
    if (length(list) < 2)
    {
        return list
    }

    x = pickPivot (list)
    list1 = { y in list where y < x}
    list2 = {x}
    list3 = { y in list where y > x}
    quicksort (list1)
    quicksort (list3)
    return concatenate (list1, list2, list3)
}
```

이 퀵 정렬 알고리즘의 골격은 다음과 같은 작업으로 이루어진다.

❶ 리스트에서 x를 '잘' 고른다.
❷ [분할] x보다 작은 값들은 '왼쪽 리스트', 큰 값들은 '오른쪽 리스트'에 속한다.
❸ '왼쪽 리스트'에 대해서 (재귀적으로) 퀵 정렬을 수행한다.
❹ '오른쪽 리스트'에 대해서 (재귀적으로) 퀵 정렬을 수행한다.
❺ [점령] 정렬이 끝난 '왼쪽 리스트', x, '오른쪽 리스트'를 모두 하나로 이어 붙인다.

이 알고리즘의 실행 과정에서 제일 중요한 것은 왼쪽과 오른쪽으로 분할되는 리스트의 크기가 균형이 잡히도록 x를 '잘' 고르는 일이다. 만약 기껏 선택한 x가 원래 리스트에서 최솟값에 해당한다면 '왼쪽 리스트'의 크기는 0이 되고 '오른쪽 리스트'는 원래 리스트에서 x만 제외한 (그래서 원래 리스트와 거의 비슷한) 리스트가 될 것이다. 그러한 경우에는 '오른쪽 리스트'에 대해서 동일한 작업을 반복해야 하므로 알고리즘이 매우 비효율적으로 동작한다. 말하자면 x가 최솟값이나 최댓값인 경우는 '최악의 경우(worst case)'에 해당하는 것이다.

x를 고르는 방법에 따라서 알고리즘의 성능이 조금씩 달라지기 때문에 퀵 정렬 알고리즘에는 여러 가지 변형이 존재한다. 그런데 '변형'이 존재하는 것은 퀵 정렬 알고리즘만이 아니다. 모든 정렬 알고리즘은 저마다최적의 조건과 최악의 조건이 다르기 때문에 환경의 변화에 따라서 알고리즘의 수행 방식이 조금씩 달라지는 변형된 모습을 가지고 있다. 정렬 알고리즘을 공부하는 것은, 말하자면 이런 변화를 통해서 파생되는 다양한알고리즘의 모습을 공부하는 것이다.

카툰(cartoon)과 같이 간결하고 압축적인 그림에서 점이나 선을 하나더하면 전체적인 인상이 달라진다. 필자는 오른쪽 뺨에 점이 하나 있는데, 사람들은 이 점으로 인하여 필자의 인상이 '머슴'처럼 보인다고 한다. 억울하지만 사실로 인정하지 않을 수 없다.

'밀리초'를 다투는 정렬 알고리즘에서 간단한 명령어를 하나 더하는 행위는 전체적인 성능에 영향을 미칠 수 있다. 논리의 흐름을 조절하는 방식을 약간 바꾸기만 해도 결과가 크게 달라질 수 있다. 이런 변화는 그 자체만 놓고 보면 아무것도 아닌 사소한 것처럼 보이지만, 알고리즘의 전체적인 흐름 속에서 누적되면 큰 차이를 야기할 수 있다.

프로 바둑 기사들은 흔히 정석을 외운 다음에는 정석을 잊어버리라고 한다. 알맹이만 흡수하고 껍데기는 버리라는 말이다. 정렬 알고리즘을 공부할 때에도 무슨 알고리즘은 이렇고 저렇고 하며 암기를 할 것이 아니라, 각 알고리즘이 구현하고 있는 핵심적인 방법론을 '이해'하는 것이 중요하다. '이해'한 다음에는 '의심'을 해야 한다. 과연 이것이 최선일까? 혹시 여기를 이렇게 바꾸면 더 낫지 않을까? 이런 의심과 실험은 컴퓨터 프로그래머에게 가장 소중한 덕목이다.

이와 같은 '덕목'을 가슴에 새기면서 간단한 문제를 하나 풀어보자. 어려운 문제는 아니고 편하게 몸을 풀 수 있는 정도의 간단한 문제다.

정수를 저장하고 있는 배열 'array'가 주어졌다. 이 array에 저장되어 있는 원소(element)들이 순서대로 정렬되어 있으면 1을 리턴하고, 정렬되어 있지 않으면 0을 리턴하는 함수를 작성하라. 함수의 시그너처는 다음과 같다. (제한 시간 5분. 10점)

```
/*
 * length는 배열 array의 길이를 의미한다.
 */
int isSorted (int* array, int length)
```

(이 함수가 배열의 길이를 의미하는 length를 받아들이도록 정한 이유는 알고리즘을 작성할 때 배열의 길이를 알아야 하기 때문이다. 만약 이

함수에 length가 전달되지 않으면 length를 직접 구해야 한다. C 언어에서 주어진 배열의 길이를 구할 수 있는 알고리즘에 대해서도 생각해보기 바란다. 이것은 추가 점수 3점에 해당한다)

간단한 문제였으므로 바로 답을 확인해보자.

```
int isSorted (int* array, int length)
{
    int index;
    for (index = 0; index < length-1; index++)
    {
        if (array[index] > array[index+1])
        {
            return 0;
        }
    }
    return 1;
}
```

(추가 점수: 배열의 길이를 구하기 위해서 C 언어에서 제공하는 sizeof 함수를 이용한다. sizeof(array)는 배열 array가 차지하고 있는 메모리 바이트 수를 리턴하고, sizeof(array[0])은 배열 array의 첫 번째 원소가 차지하고 있는 메모리의 바이트 수를 리턴한다. 따라서 sizeof(array)를 sizeof(array[0])으로 나누면 array에 저장되어 있는 원소의 개수를 구할 수 있다. 물론 다른 방법도 존재할 것이다. 각자 생각해 보기 바란다)

별로 어렵지 않았을 것이다. 그런데 이 알고리즘이 최선일까? 단 한 개의 연산이라도 더 절약할 방법은 없을까? 한번 생각해보기 바란다.

두 번째.

검색 알고리즘과 최적화 문제

한 가지 재미있는 사실은 정렬(sort)과 검색(search)은 단짝처럼 늘 붙어 다닌다. 꼭 그런 것은 아니지만, 효율적인 검색은 정렬을 필요로 하고, 효율적인 정렬은 검색을 필요로 하는 경우가 많다. 이에 대해서 커누스 교수는 다음과 같은 예를 들어서 프로그래머들이 정렬과 검색의 관계를 쉽게 이해할 수 있도록 설명했다.

다음과 같은 두 개의 집합이 있다고 생각해보자.

```
A = {,, ....,}
B = {,, ....,}
```

이때 집합 A가 집합 B의 부분집합인지 여부(즉, A⊆B)를 확인하기 위한 알고리즘을 만드는 것이 문제다. 독자 여러분도 잠시 생각해보기 바란다. 이런 상황에서 머릿속에 제일 먼저 떠오르는 알고리즘의 모습은 그 사람의 프로그래밍 실력을 드러내는 리트머스 시험지에 해당하므로 서두르지 말고 신중하게 생각해 보기 바란다.

'알고리즘'의 급수가 낮은 사람들이 우선 생각하는 방법은 대개 '무식한 힘(brute force)'의 방법이다. 누가 뭐라든 아랑곳하지 않고 우직하게하나씩 격파해 나가는 전법으로, 실전 프로그래밍에서도 흔히 발견할 수있는 알고리즘이다. 이러한 '무식한 힘'의 알고리즘을 이 문제에 적용하면다음과 같은 내용이 된다.

{ 알고리즘 1 }

집합 A의 원소를 하나씩 꺼내서 집합 B의 원소 중에 일치하는 것이 있는지 여부를 확인한다.

이 알고리즘을 간단한 프로그램으로 작성해 보면 다음과 같다(이 코드는 C의 문법을 따르고 있지만, 실제로 컴파일하려면 몇 군데를 수정해야한다).

```
int i;
int j;

// 다음 두 줄은 올바른 C 코드가 아니라는 사실에 유의하기 바란다. 어디까지나
// 설명용일 뿐이다. 다시 말해서 ' ... ' 과 같은 생략은 정상적인 C 문법이 아니다.
int a[m] = {,, ...,};
int b[n] = {,, ...,};

// 집합 A의 원소를 하나씩 꺼내기 위한 루프
for (i = 0; i < m; i++)
{
    // 집합 B의 원소를 하나씩 꺼내기 위한 루프
    for (j = 0; j < n; j++)
    {
        if (a[i] == b[j])
```

```
            {
                // 집합 A의 원소가 집합 B에서 발견되었으므로
                // 집합 A에서 다음 원소를 검사하기 위해서
                // 집합 B를 위한 for 루프를 중단한다.
                break;
            }

            if (j == (n - 1))
            {
                // 인덱스 j가 바로 앞의 "break"에 걸리지 않고 n-1에
                // 이르렀다는 사실은 집합 A의 원소 a[i]가 집합 B에
                // 존재하지 않는다는 사실을 의미한다.
                // 따라서 집합 A가 집합 B의 부분집합이 아니라는 사실을
                // 의미하는 false를 리턴하여 알고리즘 전체를 종료한다.
                return false;
            }
        }
    }
    // false를 리턴하지 않고 여기까지 이르렀다는 사실은 집합 A의 원소가
    // 모두 집합 B 안에서 발견되었다는 사실을 의미한다. 따라서 집합 A가 집합 B의
    // 부분집합이라는 사실을 의미하는 true를 리턴한다.
    return true;
```

회사에서 프로젝트를 수행하다 보면 위와 같은 모습의 알고리즘을 작성하는 프로그래머들이 의외로 많다. 비록 기능상으로는 하자가 없다고 해도 m과 n의 값이 커지면 이런 식으로 작성된 알고리즘의 성능은 여러 사람을 고통스럽게 만들 것이다.

이렇게 for 루프 내부에 다른 for 루프가 존재하는 알고리즘이 실행되는 속도는 일반적으로 각 루프가 실행되는 최대 회수를 서로 곱한 값으로 결정된다. 따라서 이 알고리즘의 경우에는 전체적으로 실행되는 속도가

C1×m×n에 해당한다. 여기에서 C1은 루프 내부에서 소비되는 시간을 고려하기 위한 상수다.*여기에서 '속도'는 알고리즘 내부에서 명령어가 실행되는 횟수를 대략적으로 표현한 수식으로 표현된다. 명령어의 실행 횟수가 많을수록 '느린' 알고리즘에 해당한다.

이제 좀 더 효율적인 두 번째 알고리즘을 생각해보자. 만약 집합 A와 집합 B가 동일한 순서로(예를 들어, 수가 커지는 ascending 순서로) 정렬되어 있다면 A가 B의 부분집합인지 여부를 확인하는 과정은 훨씬 단순해진다. 정렬과 검색이 만나서 '시너지' 효과를 일으키기 때문이다.

{ 알고리즘 2 }

집합 A와 집합 B를 정렬한다. 그다음 A와 B를 읽으면서 필요한 조건을 검사한다. 집합 A의 원소 a에 대응하는 값이 집합 B에서는 b였다고 하자. 집합 A에서 a 다음에 존재하는 원소 c에 대응하는 값을 집합 B에서 찾을 때 B의 원소를 처음부터 읽지 않고, b 다음에 존재하는 값부터 읽는다(따라서 정렬된 집합 A와 B는 단 한 번만 읽으면 된다).

언뜻 보기에는 집합 A와 B가 정렬되어 있다고 하더라도 A가 B의 부분집합인지 여부를 확인하기 위해서는 앞의 '알고리즘 1'과 동일한 과정을 밟아야 할 것처럼 생각된다. 아무리 정렬이 되어 있다고 해도 A의 원소를 하나씩 꺼내서 그것이 B에도 존재하는지를 하나씩 확인하는 과정이 여전히 필요하기 때문이다. 하지만 두 알고리즘 사이에는 큰 차이가 있다. 이정도의 설명만 듣고도 차이를 직관적으로 이해할 수 있는 사람은 프로그래밍 '내공'이 중후한 사람이다.

'알고리즘 2'를 실제 프로그램으로 구현하는 방식은 여러 가지가 있을 수 있으므로 여기에서는 실제 코드 대신 알고리즘이 동작하는 원리를 그림으로 하나씩 짚어 가면서 확인해보도록 한다(그 편이 이해하기 편할 것이다). 예를 들어, 집합 A가 {2, 4, 8}이라는 3개의 원소로 이루어져 있고, 집합 B는 {0, 1, 2, 3, 4, 5, 7, 8, 10}이라는 9개의 원소로 이루어져 있다고 해보자. 만약 두 집합이 순서대로 정렬되어 있다면 '알고리즘 2'는 다음과 같은 방식으로 진행된다(화살표는 알고리즘이 그 '순간'에 읽어 들이는 값을 표시한다).

[단계 1] A의 첫 번째 원소를 읽는다.

```
2   4   8
↑

0   1   2   3   4   5   7   8   10
```

[단계 2] B의 원소를 읽으면서 값을 비교한다.

① 2와 0을 비교한다.

```
2   4   8
↑

0   1   2   3   4   5   7   8   10
↑
```

② 2와 1을 비교한다.

```
2   4   8
↑

0   1   2   3   4   5   7   8   10
    ↑
```

③ 2와 2를 비교한다. 값을 찾았다.

```
2   4   8
↑

0   1   2   3   4   5   7   8   10
        ↑
```

[단계 3] A의 두 번째 원소를 읽는다.

```
    2   4   8
        ↑
    0   1   2   3   4   5   7   8   10
```

여기까지는 사실 '알고리즘 1'과 '알고리즘 2'가 완전히 동일하다. 그런데 두 알고리즘은 바로 이 지점에서 결정적으로 달라진다(여기에서 달라지는 내용을 '직관적으로' 이해하는가 아니면 머리를 긁적거릴 수밖에 없는가에 따라서 프로그래머의 '내공'이 다르게 평가되는 것이다). A에서 읽은 두 번째 원소인 '4'가 집합 B에 존재하는지 여부를 확인하기 위해서 이제 집합 B의 원소를 차례로 읽어 들어야 한다. 그런데 어디에서부터 읽을 것인가? '알고리즘 1'은 이 경우에 다시 B의 첫 번째 원소인 '0'부터 읽었다. 집합 B가 정렬되어 있다는 가정이 없었기 때문에 어쩔 수 없었다. 하지만 '알고리즘 2'의 경우에는 상황이 달라진 것이다.

여기에서는 집합 B가 순서대로 정렬되어 있기 때문에 우리는 '2'가 확인된 곳 바로 다음부터 값을 읽으면 된다. 그 앞에 존재하는 '0', '1', '2'는 방금 읽은 A의 두 번째 원소인 '4'와 일치할 리가 없기 때문이다. 매우 단순해 보이는 이 사실 하나가 두 알고리즘의 성능에 결정적인 영향을 미친다. 다시 돌아가 보자.

[단계 4] B의 값을 읽으면서 값을 비교한다.

① 4와 3을 비교한다.

```
    2   4   8
        ↑
    0   1   2   3   4   5   7   8   10
                ↑
        (처음이 아니라 여기서부터 읽는다!)
```

② 4와 4를 비교한다. (금방) 찾았다!

```
   2   4   8
       ↑
   0  1  2  3  4  5  7  8  10
                ↑
```

정렬을 이용함으로써 알고리즘의 성능이 대폭 개선된 것이다. 이러한 알고리즘이 실행되는 일반적인 속도를 커누스 교수는 $C_2(mlogm+nlogn)$ 라고 설명했다. $mlogm$과 $nlogn$은 각각 집합 A와 집합 B를 정렬하는 데 걸리는 속도를 나타내고 있으며, C_2는 그림을 통해서 살펴보았던 비교 과정에서 소비되는 시간을 나타내는 상수다.

이런 수식은 정밀한 수학적 원리에 의해서 도출된 것이 아니라 컴퓨터 과학을 공부하는 사람들끼리 미리 약속한 규칙에 의해서 도출된 내용이다. 알고리즘 과목을 정식으로 수강했던 사람은 이런 표현을 이해하겠지만, 그렇지 않은 사람은 일반적인 속도가 왜 이런 수식으로 표현되는지 이해하기 어려울 것이다. 다음과 같은 '약속의 과정'을 알지 못한 사람으로서는 곁가지가 모두 생략된 수식이 쉽게 이해되지 않는 것이 당연한 일이다.

"이보게, 내가 최근에 작성한 알고리즘이 실행되는 속도를 밤새워 측정해 보았더니 글쎄 $C_1mlogm+C_2nlogn+C_3m+C_4n+C_5$라는 수식으로 표현할 수 있었네. C_1mlogm은 알다시피 집합 A를 정렬하는 데 걸리는 시간이고, C_2nlogn은 집합 B를 정렬하는 데 걸리는 시간일세. 그다음에 C_3m은 A의 원소와 B의 원소를 비교하는 과정에서 집합 A를 읽는 데 걸리는 시간이고, C_4n은 집합 B를 읽는 데 걸리는 시간일세. 이 값들은 보다시피 m과 n이 커지면 그에 비례해서 커지는 값들일세. 맨 뒤에 붙은 C_5는 그밖에 다른 자질구레한 일들을 위해서 소비되는 시간이지. 어떤가, 참

간결하지 않은가?"

"여보게, 자네 장난하는가? 간결하긴 뭐가 간결하단 말인가? 너무 복잡해서 도저히 봐줄 수가 없네. m이나 n이 커짐에 따라서 제일 급하게 늘어나는 값이 그 중 무엇인가?"

"그거야 물론 $C_1 mlogm$과 $C_2 nlogn$이지. 그건 왜 묻는가?"

"그럼 이렇게 함세. 뒤에 붙는 자질구레한 값들은 어차피 $C_1 mlogm$과 $C_2 nlogn$에 비하면 무시해도 좋은 값들이니 그냥 큰 값만 적도록 함세. 그리고 C_1과 C_2 중에서 큰 값을 그냥 C라고 부름세. 그러면 자네가 말한 공식은 $Cmlogm + Cnlogn$ 처럼 간단하게 적을 수 있겠지. 혹은 그냥 $C(mlogm + nlogn)$ 이렇게 적어도 되겠네. 초등학교 때 배운 결합 법칙이라는 초식이라네."

"어허, 내가 만든 공식을 자네가 정말 간단하게 만들었네. 우리 어디 가서 한잔 하세. 물 좋은 곳이 새로 생겼다네."

검색 알고리즘은 일정한 데이터 구조에 저장되어 있는 값 중에서 특정한 값을 가장 빠르고 효율적으로 찾는 문제를 끊임없이 제기하기 때문에 '알고리즘'을 훈련하기 좋은 재료가 된다. 다음은 일종의 검색 알고리즘 기법을 동원해서 풀어야 하는 문제다. 어떤 알고리즘을 써야 하는지 생각해 보기 바란다.

메피스토펠레스가 어느 날 파우스트 박사에게 말했다. "한국의 63빌딩에 있는 수족관에는 상어가 있을까요?" 그러자 파우스트 박사가 대답했다. "가서 확인하면 되지."

63빌딩에 도착한 파우스트 박사는 빌딩 옆으로 흐르는 한강 물을 들여다보다가 문득 자살하고 싶은 충동을 느꼈다. "메피스토, 내가 이 빌딩에서 떨어지면 죽을까?" 그러자 메피스토펠레스가 대답했다. "글쎄요. 어느 특정한 층보다 높은 곳에서 떨어지면 죽지만 그보다 아래에서 떨어지면 죽지 않습니다."

"전부 몇 층이지?" 파우스트 박사가 물었다. "옥상까지 합해서 64층입니다."

"내가 몇 번 만에 그 층을 맞출 수 있을까?" 파우스트 박사가 말했다. "재미있는 질문입니다. 그럼 이렇게 하지요. 박사님이 떨어져서 죽거든 제가 다시 살려 드리겠습니다. 단, 죽음과 삶을 가르고 있는 층을 5번 내에 맞추십시오. 만약 맞추신다면 온 세상을 드리겠습니다. 하지만 맞추지 못하면 박사님의 영혼을 제게 주어야 합니다. 해 보시겠습니까?"

"딱 다섯 번만 떨어져 볼 수 있다는 말이지. 한 번 해볼까."

이 문제를 '무식한 힘'의 방법으로 풀면 1층에서부터 위로 한 층씩 올라가면서 확인하게 된다. 문제의 층이 옥상이라면, 즉 옥상을 제외한 어느 층에서 떨어져도 죽지 않도록 되어 있다면 '무식한 힘'의 방법이 시도해 보아야 하는 경우의 수는 무려 63개다. 위에서 한 칸씩 내려오면서 확인하는 것도 마찬가지다. 문제의 층이 어느 곳에 있는지 알 수 없기 때문에

'무식한 힘'의 방법으로는 5번 이내에 답을 찾을 수 있다는 보장이 '전혀' 없다.

알고리즘에 대한 감각이 있는 사람은 '64'와 '5'라는 수를 보는 순간 머릿속에 '이진 검색(binary search)'이 떠올랐을 것이다. 이진 검색 알고리즘을 이용하면 내기는 파우스트 박사의 승리로 끝나게 되어 있다. 이진 검색이란 순서대로 (이진 트리 안에) 보관되어 있는 데이터를 검색하기 위해서 중간에 있는 (혹은 이진 트리의 루트에 해당하는) 값을 고른 다음, 찾는 값이 그보다 크면 오른쪽으로 (값이 더 큰 쪽으로) 이동하고, 작으면 왼쪽으로 (값이 더 작은 쪽으로) 이동하는 방법을 의미한다. 유명한 알고리즘이므로 모르는 사람이 없으리라고 생각한다.

답을 확인하기 위해서 '임의의' 층이 문제의 층이라고 가정해 보자. 예를 들어, 17층이 바로 문제의 층이라고 한다면 17층부터 그 위의 층에서는 떨어지면 죽게 되어 있고, 16층 아래로는 죽지 않도록 되어 있다. 64개의 층에서 루트에 해당하는 중앙은 64를 2로 나눈 32층이다. 여기에서부터 알고리즘을 시작해 본다.

❶ 32층에서 떨어져 본다. 당연히 죽는다. (하지만 메피스토펠레스가 다시 살려준다) 따라서 문제의 층은 32층보다 아래에 있다. 32를 다시 2로 나눈 값은 16이다.

❷ 16층에서 떨어져 본다. (답은 17층이므로) 죽지 않는다. 따라서 문제의 층은 16층보다 위에 있다. 32와 16 사이에 존재하는 중앙값은 24다.

❸ 24층에서 떨어져 본다. 당연히 죽는다. (메피스토펠레스가 또 살려준다) 따라서 문제의 층은 24층보다 아래에 있다. 24층과 16층 사이에 존재하는 중앙은 20층이다.

❹ 20층에서 떨어져 본다. 또 죽는다. (메피스토펠레스가 여전히 살려준다) 따라서 문제의 층은 20층보다 아래에 있다. 20층과 16층 사이에 존재하는 중앙은 18층이다.

❺ (세상을 얻으려면 이번에 답을 맞혀야 한다) 18층에서 떨어져 본다. 역시 죽는다. 따라서 문제의 층은 18층보다 아래에 있다.

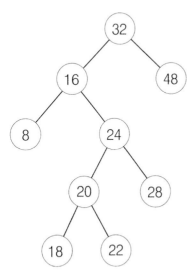

: 파우스트 박사가 63빌딩에서 떨어지는 과정을 표현한 이진 트리

그런데 (5번의 결과인) 18층보다 아래에 있고, (2번의 결과인) 16층보다 위에 있는 층은 17층밖에 없다. 따라서 17층이 바로 문제의 층이라는 사실이 밝혀졌다. 다섯 번만 떨어져 보고 답을 구했다. 만약 문제의 층이 2의 배수였다면 답을 더 빨리 찾을 수 있었을 것이다.

퀵 정렬이 정렬 알고리즘 중에서 제일 간단한 편에 속하는 것처럼 '이진 트리 검색'은 검색 알고리즘 중에서 가장 쉽고 간단한 편에 속한다. 트리를 이용하는 검색 알고리즘 중에는 이진 트리 대신 B 트리, B- 트리, B+ 트리를 이용하는 방법도 있고, 그 밖에 해싱(hashing)을 이용하는 방법도 있다. 문자열 내부에 존재하는 특정한 문자열의 패턴을 검색하는 '스트링 매칭(string matching)' 알고리즘 또한 'KMP(Knuth-Morris-

Pratt)' 알고리즘을 비롯해서 '보이어–무어(Boyer–Moore)' 알고리즘, '래빈–카프(Rabin–Karp)' 알고리즘 등 풍성한 공부 거리를 포함하고 있다. 넓게 보았을 때, 그래프(graph)에서 경로(path)를 찾는 문제 또한 '검색'에 속한다(이러한 검색 알고리즘의 학습과 관련해서 야후나 구글 같은 인터넷 검색 엔진이 구현하고 있는 알고리즘은 매우 흥미로운 주제로 다가온다. 이 책에는 포함시키지 못했지만 언젠가 한번 다뤄 보고 싶은 주제다. 기회가 되면 독자 여러분도 관심을 가지고 공부해보기 바란다).

이렇게 다양한 검색 알고리즘을 공부하는 데 가장 핵심적인 포인트는 한 가지로 압축될 수 있다. 그것은 바로 알고리즘의 '효율성'이다. '가독성(readability)'이 알고리즘의 형식이라면 '효율성(efficiency)'은 알고리즘의 내용이다. 이러한 효율성은 끊임없이 의심하고 실험하는 프로그래머의 '최적화' 과정에 의해서 달성된다. 그런데 이러한 최적화의 문제에서 파생되는 어려운 주제가 있다. 그것은 바로 '동적 프로그래밍(dynamic programming)'이라고 하는 '심오한' 알고리즘이다.

동적 프로그래밍

: 레오나르도 피사노(www-gap.dcs.st-and.ac.uk)

1170년 이태리에서 태어난 수학자 레오나르도 피사노(Leonardo Pisano)는 별명(nickname)이었던 '피보나치(Fibonacci)'라는 이름으로 더 유명하다. 그가 발견한 피보나치(Fibonacci) 수열을 구하는 알고리즘은 재미있어서 '하노이(Hanoi)의 탑' 문제와 더불어 알고리즘 책에서 약방의 감초처럼 등장한다. 아름다운 패턴을 보여주는 피보나치 수열은 다음과 같은 짧은 수학적 공식으로 표현된다.

F(n) = 1   (n ⇐ 2 일 때)
F(n) = F(n-1) + F(n-2)   (n > 2 일 때)

이 수식을 프로그램으로 옮기면 다음과 같은 모습이 된다.

```
int Fibonacci (int n)
{
    if (n ⇐ 2)
    {
        return 1;
    }
    else
    {
        return Fibonacci (n-1) + Fibonacci (n-2);
    }
}
```

워낙 유명한 알고리즘이므로 따로 설명할 필요가 없다. 논리가 깔끔하여 군더더기가 전혀 없다. 하지만 이 피보나치 알고리즘은 성능 면에서 최선일까?

이 함수에 전달된 n의 값이 6이었다고 생각해보자. 그러면 n이 2보다 크므로 다음과 같은 'else' 구문의 내용이 실행된다.

[단계 1] return Fibonacci(5) + Fibonacci(4);

먼저 Fibonacci(5)를 실행시켜 보자. 그러면 그 함수 안에서도 우선 다음과 같

은 'else' 구문의 내용이 실행될 것이다(함수에 입력된 값이 5므로 n−1은 4가 되
고 n−2는 3이 된다).

[단계 2] return Fibonacci(4) + Fibonacci(3);

그리고 [단계 1]에서 호출된 Fibonacci(4)의 경우에도 다음과 같은 'else' 구문
이 실행된다(함수에 입력된 값이 4므로 n−1은 3이고 n−2는 2다).

[단계 3] return Fibonacci(3) + Fibonacci(2);

전체에 비하면 극히 일부에 지나지 않는 계산이지만 벌써부터 묘한 냄새가 풍
긴다. [단계 1], [단계 2], [단계 3]의 내용을 가만히 들여다보면 뭔가 '중복'
의 냄새가 느껴진다. 예를 들어, Fibonacci(4)는 [단계 1]에서 호출되었지만,
Fibonacci(5)의 내용인 [단계 2]에서 다시 호출되고 있다. Fibonacci(3)은 [단
계 2]에서 호출되었지만, Fibonacci(4)의 내용인 [단계 3]에서 역시 또 한 번 호
출되고 있다.

  n의 값이 커졌을 때 이러한 중복의 정도는 단순히 한두 번으로 그치는
것이 아니라 재귀적 호출이 진행될수록 폭발적으로(exponentially) 늘
어난다. "가나안은 맏아들 시돈을 낳고, 그 아래로 헷과 여부스와 아모리
와 기르가스와 히위와 알가와 신과 아르왓과 스말과 하맛을 낳았다... 아
르박삿은 셀라를 낳고, 셀라는 에벨을 낳았다. 에벨은 두 아들을 낳았는
데.." 마치 창세기에 나오는 이야기처럼 Fibonacci(6)은 Fibonacci(5)
와 Fibonacci(4)를 낳았고, 그리하여 Fibonacci(5)는 Fibonacci(4)와
Fibonacci(3)을 낳았고.. 인 셈이다.

  그래서 피보나치 알고리즘의 경우에는 재귀 알고리즘을 이용하는 것
보다 직접 for나 while 루프를 돌리는 것이 더 빠르고 효율적이다.＊『행
복한 프로그래밍: 컴퓨터 프로그래밍 미학 오디세이』라는 책에서 필자는
피보나치 알고리즘을 재귀 알고리즘을 이용해서 구현했다. 그래서 프로그
램의 성능에 대해서 질문을 던진 독자가 여럿 있었다. 그때는 '재귀의 미

학'에 초점을 맞추느라 '효율성'을 희생시켰다면 이 책에서는 '최적화'에 눈 길을 돌린 셈이다. 이렇게 '성능'과 '미학'이 반드시 일치하지 않는 경우도 있다. 그와 같은 경우에 어느 쪽을 선택할 것인가 하는 문제는 프로그래머 자신의 '철학'에 달려 있다. 다음 코드는 재귀 기법 대신 for 루프를 이용 해서 피보나치 값을 구하는 알고리즘이다.

```
int Fibonacci (int n)
{
    int index;
    int last1;   /* Fibonacci(n-1)에 해당하는 값을 저장*/
    int last2;   /* Fibonacci(n-2)에 해당하는 값을 저장*/
    int result;  /* Fibonacci(n-1) + Fibonacci(n-2)에
                            해당하는 값을 저장*/

    if (n <= 2)
    {
        /* n의 값이 1 혹은 2면 1을 리턴하여 알고리즘을 종료한다.*/
        return 1;
    }

    last1 = 1;
    last2 = 1;
    for (index = 2; index < n; index++)
    {
        result = last1 + last2;
        last2  = last1;
        last1  = result;
    }
    return result;
}
```

알고리즘 자체는 다소 복잡해졌지만 여기에서는 앞에서와 같은 '중복'

된 계산이 발생하지 않는다. 만약 n의 값이 충분히 커진다면 이 알고리즘과 앞의 재귀 알고리즘은 성능 면에서 큰 차이를 보이게 될 것이다. 그렇지만 알고리즘의 '간결함'이라는 측면에서 '재귀' 기법이 꼭 필요한 경우도 많다. 그런 경우에 '중복'을 피할 방법이 있다면 재귀를 이용하는 것이 더 바람직할 것이다.

이럴 때 사용되는 고난도의 초식이 바로 '동적 프로그래밍'이다. '동적 프로그래밍'은 (아주 간단하게 말하자면) 알고리즘의 효율성을 향상시키기 위해서 알고리즘의 수행 도중에 계산한 결과를 테이블 같은 곳에 저장해 두었다가 '재활용'하는 기법이다. 예를 들어, [단계 1]에서 Fibonacci(4)의 값을 계산한 결과가 3이었다면 이 값을 테이블 안에 기록해 두고 나중에 [단계 2]에서 다시 Fibonacci(4)를 계산할 필요가 생기게 되면 Fibonacci(4)를 반복해서 호출하는 것이라 테이블에 기록되어 있는 3을 곧바로 읽어 들이는 것이다.

말로는 간단해 보이지만 '동적 프로그래밍' 기법을 실전에서 구사하는 것은 고도의 집중력과 끈질긴 참을성을 요구하기 때문에 '무공'이 절륜한 고수들이 아니고서는 하기 어려운 일에 속한다. 내공이 아직 뒷받침되지 않는 초보 프로그래머들이 '동적 프로그래밍' 기법을 경솔하게 구사하면 '주화입마(走火入魔)'에 빠질 수도 있기 때문에 주의할 일이다. 하지만 동적 프로그래밍이 제공하고 있는 '아이디어'를 자기의 능력에 맞게 실전 프로그래밍에서 활용하는 것은 권장할 만하다.

동적 프로그래밍이 활용되는 예는 많다. (수학에서 등장하는) 행렬(matrix)의 곱셈을 수행하는 계산, 이진 트리, 최단 경로 찾기 등을 최적화하는 것은 물론 그 밖에 여러 '이론적' 알고리즘의 성능을 개선하는 데 동적 프로그램이 널리 활용되고 있다. 동적 프로그램을 본격적으로 이해하려면 눈물이 찔끔 나올 만큼 복잡한 '수식'의 세계로 들어가야 하는데, 이 책에서는 그런 복잡한 '이론'을 다루지 않는다. 다만 '동적 프로그래밍'이라는 프로그래밍 방법론이 존재하는 이유 정도는 분명하게 이해하고 넘어가기 바란다.

————— 네 번째. —————

해시 알고리즘

앞에서 보았던 집합 A가 집합 B의 부분 집합인지 여부를 확인하는 문제를 위한 알고리즘으로 '무대뽀' 알고리즘과 '정렬'을 이용한 알고리즘 이외에 다른 방법이 하나 있다(물론 더 있을 수도 있지만 이 책에서 다루는 것으로는 이게 마지막이다). 그것은 해시(hash) 함수를 이용하는 방법이다. 해시를 이용한 알고리즘은 다음과 같이 간단한 모습을 하고 있다.

{ 알고리즘 1 }

집합 B의 원소들을 테이블에 저장한다. 집합 A에서 원소를 하나씩 꺼내서 그것이 테이블에 존재하는지 확인한다.

'해시(hash)'를 사전에서 찾아보면 의미가 다양하다. 우선 눈에 뜨이는 설명은 '해시'가 '다진 고기 요리'를 뜻한다는 부분이다. '뒤범벅' 혹은 '뒤죽박죽'이라는 의미도 있고, 컴퓨터 용어로는 '잡동사니' 혹은 '쓰레기'로 이용된다는 설명도 있다. 그리고 속어로는 '마리화나' 같은 마약을 뜻한다는 부분도 있다. '해시 알고리즘'에서 '해시'가 적어도 '잡동사니'나 '쓰레기' 혹은 '마리화나'를 뜻하지 않는다는 것은 분명하다. 다만 주어진 재료(즉 입력된 데이터)를 잘게 다져서 먹기 편한 음식(즉 해시값(hash value))으로 만드는 과정을 의미한다고 보는 것이 그나마 제일 정확할 것 같다.

해시 알고리즘에서 핵심은 주어진 재료를 잘게 다져서 최종적인 음식으로 만드는 과정을 담당하는 함수인 해시 함수(hash function)에 담겨 있다. 해시 함수에게 데이터가 입력되면 해시값(hash value)이 리턴된다. 이 해시값은 데이터를 저장하는 장소인 해시 테이블에서 키값(key value)으로 사용된다. 해시 테이블의 특징은 키값만 주어지면 저장되어 있는 데이터를 검색하는 데 걸리는 시간이 언제나 (짧은) 상숫값에 불과하다는 점이다. 테이블에 저장되어 있는 데이터의 양이 늘어나도 검색에 걸리는 시간은 (거의) 변하지 않는다.

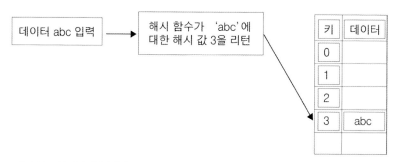

: 데이터 'abc'를 해시 테이블에 입력

'abc'가 해시 테이블에 입력되고 나면 해시 함수에 의해서 계산된 키값이 리턴되기 때문에 나중에 'abc'를 다시 해시 테이블에서 꺼내고 싶을 때 키값을 전달하면 저장된 데이터 값이 빠르게 리턴된다. '알고리즘 3'은 바로 이러한 해시 알고리즘의 특성을 이용해서 집합 B의 원소들을 모두 해시 테이블 안에 집어넣은 다음, 집합 A의 원소를 하나씩 꺼내서 동일한 해시 함수를 이용해 해시 키를 구하고, 그 키에 해당하는 값이 테이블 안에 존재하는지 여부를 확인하는 방법이다. 만약 A의 원소가 전부 (집합 B의 원소를 담고 있는) 해시 테이블 안에서 발견되면 A는 B의 부분집합이고, 그렇지 않으면 부분집합이 아니다.

이러한 방법을 이용하면 집합 B의 원소를 모두 해시 테이블에 저장하는 데 걸리는 시간이 (B의 원소를 한 번만 훑고 지나가면 되니까) $C_3 n$이고, 다시 A의 원소를 하나씩 꺼내서 확인하는 데 걸리는 시간이 $C_4 m$이다. 따라서 '알고리즘 3'이 소비하는 시간은 일반적으로 $C_3 n + C_4 m$이라고 말할 수 있다. 시간만으로 따진다면 '알고리즘 3'은 앞에서 보았던 '알고리즘 2'보다 더 빠르다.[1]

해시 알고리즘을 처음 접하는 사람들은 귀가 번쩍 뜨였을지도 모른다. 데이터의 크기가 아무리 늘어나더라도 데이터를 검색하는 데 걸리는 속도가 항상 일정하다면 (그리고 전체적으로 속도가 빠르다면) 그보다 좋은 알고리즘이 어디에 또 있겠는가?하고 놀라는 것도 무리는 아니다. 하지만 세상에 공짜가 없는 법이다. 해시 알고리즘이라고 해서 예외는 아니다.

해시 알고리즘은 다른 알고리즘에 비해서 속도가 빠르다는 장점이 있지만, 해시 테이블의 크기만큼 메모리 용량을 차지한다는 '공간적인' 단점이 있다. 이는 프로그래밍을 수행하는 사람들 사이에서는 상식에 가까운 이야기다. 어떤 알고리즘의 '속도'를 향상시키자면 '공간'을 희생해야 하고, '공간'을 절약하자면 '속도'를 희생해야 한다. $C_3 n + C_4 m$이라는 속도는 앞의 두 알고리즘이 갖는 속도에 비하면 훨씬 빠르고 효율적이다. 하지만

---

1 해시 알고리즘에서는 보통 해시 함수가 얼마나 정교하게 작성되는가에 따라서 (서로 다른 데이터가 동일한 해시 키를 리턴하기 때문에 같은 장소(bucket)에 저장되려고 하는) '충돌(collision)'이 일어날 가능성이 달라진다. 충돌이 일어났을 때 혹은 해시 테이블이 꽉 차서 더 이상 다른 값을 받아들일 수 없을 때 등을 처리하는 방식에 따라 해시 알고리즘의 효율성과 성능은 조금씩 달라진다.

이렇게 빠른 속도의 이면에는 'n'의 크기에 비례해서 커지는 해시 테이블의 '공간적' 희생이 존재하는 것이다.

지금까지 살펴본 세 개의 알고리즘이 갖는 속도를 한곳에 모아 놓고 비교해 보자.

- 알고리즘 1: $C_1 \times m \times n$
- 알고리즘 2: $C_2(m\log m + n\log n)$
- 알고리즘 3: $C_3 n + C_4 m$

'알고리즘 1'은 m과 n의 크기가 작을 때는 효과적이지만, 값이 커지면 속도가 급격하게 떨어지는 단점이 있다. 그에 반해서 '알고리즘 3'은 속도가 m과 n의 크기에 큰 영향을 받지 않으며, 빠르다는 장점이 있지만 메모리 용량을 상대적으로 많이 사용한다는 단점이 있다. 결국 속도와 공간의 균형을 고려했을 때 제일 균형 잡힌 성능을 제공하는 알고리즘은 '정렬'과 '검색'이 결합되어 있는 '알고리즘 2'다.

이렇게 알고리즘의 속도를 분석하는 것은 결코 이론적이고 추상적인 일에 머물지 않는다. 프로그래밍 실력을 향상시키려고 꾸준히 노력하는 프로그래머는 이런 복잡한 '수식'까지 동원할 필요는 없을지라도 자기가 작성하는 알고리즘의 '속도'를 '분석'하는 것을 결코 가볍게 여기지 말아야 한다. 평상시에 떠오르는 아이디어나 코드의 설계를 가볍게 스케치하기 위한 수첩을 하나쯤 들고 다니다가 자기가 작성한 알고리즘의 성능을 분석해 보는 것은 프로그래머가 가질 만한 좋은 습관에 속한다.

요구 사항이 주어지면 덥석 키보드부터 움켜잡는 사람과 코드의 성능이나 확장 가능성에서부터 시작해서 여러 측면을 꼼꼼하게 따지면서 천천히 설계하는 사람은 시간이 갈수록 실력이 차이 날 수밖에 없다. 키보드부터 두드리는 사람이 하는 일은 (실전 프로그래머들이 흔히 말하는 '노가다'와 같은 의미에서의) '코딩'이고, 침착하고 꼼꼼하게 접근하는 사람이 하는 일은 '프로그래밍'이다. '코딩'과 '프로그래밍'의 차이를 가르는 사람은 다른 사람이 아니라 바로 자기 자신인 것이다.

다섯 번째.

사운덱스 검색 알고리즘

미국에서 살다 보면 '영어' 때문에 '우스운' 일을 심심치 않게 겪게 된다. 소개를 하자면 끝이 없겠지만 그중 하나만 소개해 보겠다.

2년 전쯤에 영국으로 출장을 갈 때의 일이었다. 비행기가 뉴욕의 JFK 공항에서 아침 9시에 출발하도록 예정되어 있었기 때문에 출근 시간의 교통 체증을 고려해서 새벽 5시 30분에 (길지는 않지만 일반 택시보다 고급인) '리무진' 서비스를 불렀다. 깔끔한 양복을 차려입은 운전사가 새벽에 집 앞의 초인종을 눌렀다. 필자가 들고나온 여행 가방을 대신 들면서 그가 물었다.

"어느 비행사입니까?" 비행사마다 출발하는 게이트가 다르기 때문에 비행기 회사의 이름을 미리 물어본 것이었다. 평소에는 영국의 '버진 아틀랜틱(Virgin-Atlantic)'을 주로 이용했는데 그날 예약되어 있던 비행기는 '유나이티드 에어라인(United Airlines)'이었다. 그러나 잠이 덜 깬 필자의 입에서는 다음과 같은 대답이 불쑥 튀어나왔다.

"United States"

운전사와 필자 사이에는 긴 침묵이 흘렀다. 그리고 그 침묵은 공항에서 내릴 때까지 계속 이어졌다. 재미있는 것은 그가 "United States"를 "United Airlines"로 제대로 알아들었다는 사실이다. 회사에서 다른 프로그래머들과 열띤 토론을 하다 보면 나도 모르게 한국말이 나올 때가 있다. "이거?", "맞아", "아니", 혹은 "플러스 일!"처럼 짧은 표현이 한국말로 나오는 것이다. 그런데 다시 영어로 반복하지 않아도 다들 알아듣는 게 신기하다.

미국에서 살다 보면 이름 때문에도 우스운 일을 종종 겪는다. 'Baekjun (백준)'이라고 표기한 필자의 이름을 제대로 읽는 미국 사람들이 별로 없기 때문에 '베에쿤', '박쿤', '베이윤'처럼 요상하고 야릇한 국적 불명의 호칭으로 불리는 경우가 자주 발생한다. 이름을 정확하게 읽는 사람이 가끔 있는데, 그럴 때면 잊지 않고 칭찬을 해주며 고마움을 표시한다. 이런 불편을 피하기 위해서 한국 사람 중에서 브라이언, 마이클, 존, 브루스 등의 미국식 이름을 사용하는 사람들도 있는데, 어쩐지 그것은 낯이 간지러워서 'Baekjun'을 고집하고 있다.

그 정도로 그치면 다행이다. 하지만 집으로 날아 들어오는 우편물을 확인해 보노라면 참으로 가관이다. 'Baekjun Lim'이라는 정확한 표기 대신 'Back Lim', 'Back J. Lim', 'Bak Lin', 'Backjun Lim' 등의 이름이 마구 사용된다. 언젠가 하루는 회사의 사무실 안으로 재미있어 보이는 소프트웨어 잡지가 하나 배달되었는데, 수신자의 이름이 재미있었다. 'Bing Jin Lin(빙 징 린)'. 이름의 머리글자는 대충 비슷한데 어느 면으로 보아도 'Baekjun Lim'에게 전달된 것이라는 느낌이 들지 않았다. 게다가 중국 사람 중에서 'Lin'이라는 성을 가진 사람이 많았기에 회사의 웹사이트를 이용해서 'Bing Jin Lin'이라는 사람을 찾아보았다. 역시 'Bing Jin Lin'은 내가 아니라 다른 사람이었다(하지만 그는 이미 회사를 떠났기 때문에 잡지는 어쩔 수 없이(?) 내가 차지했다. 그 이후에도 잡지가 계속 배달되기를 은근히 기대했지만 그런 일은 일어나지 않았다).

영어는 표기와 발음이 항상 일치하지 않기 때문에 이런 불편함은 미국 사람들 사이에서도 마찬가지다. 예를 들어, 전화상으로 이름을 정확하게 전달해야 하는 경우에는 반드시 이름을 한 글자씩 확인함으로써 혼동을 피한다. 만약 이름이 Victor(빅터)인 사람이 전화로 이름을 전달하는 경우에 일어남 직한 통화 내용은 다음과 같다.

- May I have your name? (이름 좀 알려 주시겠어요?)
- Yes, my name is Victor. (네, 제 이름은 빅터입니다.)
- Could you please spell it? (철자를 하나씩 확인해 주실래요?)
- v as in victory, i has in ivory, c as in car, t as in time, o as in onion, r as in red.

'Victor'가 이럴 정도인데 하물며 'Baekjun'의 경우에는 두말할 필요가 없다. 이러한 과정을 몇 번 경험하고 나서는 누가 이름을 물으면 아예 "b as in brown, a as in apple, e as in elephant, k (케이는 워낙 혼동의 여지가 없어서 그냥 케이 하면 알아듣는다), j as in July, u ('유'도 마찬가지로 혼동하는 경우가 거의 없다), n as in Nancy"하고 말하는 것이 입에 붙어 버렸다.

항공사와 같은 회사에서는 고객의 전화를 받으면 우선 이름을 확인한 다음 컴퓨터 시스템에 이름을 입력하여 고객과 관련된 정보를 화면에 출력한다. 이때 발음이 부정확하거나 손으로 적어 놓은 정보가 틀려서 엉뚱한 사람이 검색되는 경우가 종종 발생한다. 그런 문제가 발생하지 않는다고 해도 만약 데이터베이스 안에 저장된 고객의 수가 많은 경우에는 고객의 이름을 하나씩 확인해 보는 선형 검색 방법은 지나치게 많은 시간이 필요할 것이다.

이러한 문제점을 해결하기 위해서 개발된 사운덱스(Soundex) 알고리즘이라는 흥미로운 알고리즘이 있다. 이것은 마가릿 오델(Margaret K. Odell)과 로버트 러셀(Robert C. Russell)이라는 사람이 컴퓨터가 생기기 한참 전에 개발하여 미국 특허까지 받았던 알고리즘이다(즉 컴퓨터 알고리즘이 아니었다).

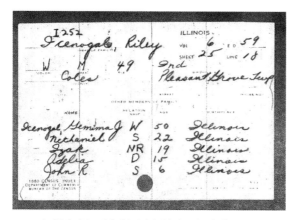

: 1880년 미국의 인구 조사에 사용되었던 사운덱스 알고리즘(homepages.rootsweb.com)

사운덱스 알고리즘은 2차 세계 대전 때 미국 군인들의 개인 기록을 관리하는 데 사용되었고, 1880년에서 1930년에 이르기까지 인구 통계 조사에도 사용되었다. 이 알고리즘은 오늘날 여러 가지 소프트웨어의 철자 확인기(spell checker) 엔진 속에도 포함되어 활용되고 있다. 예를 들어, 미국판 '족보 찾기'에 해당하는 '조상 검색(Ancestor Search)' 웹사이트(www.searchforances-tors.com)에서도 조상의 이름을 찾기 위한 검색 엔진에 사운덱스 알고리즘을 사용하고 있다고 한다.

광고 메일을 보내는 회사에서 과연 사운덱스 알고리즘을 사용하는지 여부는 확인해 보지 않았지만, 사운덱스 알고리즘이 동작하는 원리를 이해하고 나자 'Lim'에게 오는 우편물에 적힌 이름이 'Lin'으로 둔갑하는 이유를 알 것 같았다.

사운덱스 알고리즘의 원리는 간단하다. 그것은 다음과 같은 네 개의 간단한 규칙으로 이루어져 있다.

[규칙 1] 이름의 첫 번째 글자를 저장하고, 첫 번째 글자를 제외한 나머지 글자 중에서 a, e, h, i, o, u, w, y를 모두 제거한다.

[규칙 2] 이름 안에 존재하는 글자들에 다음과 같은 번호를 부여한다.

```
b, f, p, v --- 1
c, g, j, k, q, s, x, z --- 2
d, t --- 3
l --- 4
m, n --- 5
r --- 6
```

[규칙 3] 원래 이름에서 서로 인접하여 연속으로 나타나는 글자는 맨 앞에 하나만 남기고 나머지는 제거한다.

[규칙 4] 최종적인 결과를 '글자, 숫자, 숫자, 숫자'의 형태로 맞추기 위해서 숫자가 세 개 이상이면 나머지는 생략하고, 세 개 미만이면 뒤에 0을 붙여서 형태를 맞춘다.

'Gauss'라는 이름을 사운덱스 알고리즘에 대한 입력으로 생각해보자. 우선 'G'라는 맨 앞글자는 보존되어 최종적인 결과의 앞글자로 사용된다. 그리고 나머지 auss에서 a와 u는 제거되므로 ss만 남는다. 그런데 [규칙 3]에 의하면 연속된 글자는 하나만 남겨 두고 생략되어야 하므로 s 하나만 남는 셈이다. s에게 할당된 수는 2므로 남는 결과는 G2다. 그런데 최종적인 결과를 '글자, 숫자, 숫자, 숫자'의 형태로 맞추면 최종 결과는 G200이 된다.

'Lim'을 사운덱스 알고리즘으로 돌려보면 결과가 L500이 됨을 확인해보기 바란다. 그리고 'Lin'도 마찬가지로 L500임을 확인해보라. (아하!) 주소를 무작위로 뽑아서 광고 메일을 전송하는 소프트웨어에게는 'Lim'이나 'Lin'이나 둘 다 코드명이 'L500'이기 때문에 막상 실제 이름을 인쇄할 때 'Lim'이 졸지에 'Lin'으로 둔갑하는 일이 발생할 수도 있다. 하지만 이렇게 혼동의 여지가 있다고 해서 사운덱스 알고리즘이 소용이 없는 것은 아니다. 앞에서 말했던 것처럼 '실수'로 초래되는 문제의 범위를 축소시키고 검색 속도를 빠르게 해준다는 장점이 있기 때문에 오히려 그 반대의 의미를 갖는다.

사운덱스 알고리즘과 같은 방식의 '최적화'는 컴퓨터 프로그래밍과 직접 관련된 것은 아니지만, 알고리즘의 최적화 문제와 원리적으로 다르지 않다. 필자는 휴대폰을 이용할 일이 거의 없기 때문에 아직도 '문자 메시지'라는 것을 받아본 적도, 보내본 적도 없던 시절, 한글의 구성 원리를 잘 이용해서 제한적인 '키보드' 위에서 매우 빠르고 효율적으로 한글을 입력할 수 있도록 만든 '타이핑' 알고리즘이 존재한다는 말을 들은 적이 있다. 한문을 그대로 입력할 수 없는 중국어의 경우에도 그러한 알고리즘이 잘 발달되어 있다.

한글 워드 프로세서에서 한글 모드와 영문 모드가 자동으로 변환되는 기능을 구현하고 있는 알고리즘은 한글 단어와 영어 단어가 구성되는 방식을 일정한 패턴으로 정형화한 다음 키보드로부터 입력되는 문자의 열에 따라서 모드를 자동으로 전환한다. 그런 자동 변환 기능을 처음 접하면서 기발하고 편리한 기능이라며 탄복했던 기억도 난다. 이런 기능들은 말하자면 모두 알고리즘의 '최적화'와 밀접하게 연관되어 있는 실전 응용의 예에 해당한다.

회사에서 하는 실전 프로그래밍에서도 늘 짜던 알고리즘을 한 번쯤 거리를 두고 바라보면서 속도나 기능을 향상시킬 수 있는 방법이 없는지 생각해 보는 것이 좋다. 그런 시간을 통해서 전에 미처 생각하지 못했던 새로운 기법이나 편리한 기능에 대해서 눈을 뜰지도 모르는 일이다. 그리고 그러한 '발견'은 구체적인 '발명'이나 '특허'로 연결되어 자신의 삶은 물론

타인의 삶을 편하고 풍요롭게 만드는 데 기여하게 될지도 모른다. '발명'은 이마에 '발명가'라고 써서 붙이고 다니는 사람들이 어두운 지하 창고 안에서 하는 일이 아니다. 그것은 우리 같은 평범한 엔지니어가 구체적인 일속에서 찾아내는 '생활의 발견'이다.

수도사 메르센느

: 중세의 수도사이자 수학자 메르센느(www.stanford.edu)

마랭 메르센느(Marin Mersenne)는 1588년에 태어나서 1648년에 죽은 프랑스의 철학자이자 수도사다. 신학과 철학을 공부하여 후에 파리에서 철학을 강의한 그는 당대 최고의 지성이었던 데카르트의 뒤를 돌봐 준

친구이자 선배, 대변인이자 스승으로 알려져 있다. 일생에 걸쳐서 진지하고 심오한 철학적인 사색을 멈추지 않은 메르센느는 페르마(Fermat), 갈릴레오(Galileo), 파스칼(Pascal) 같은 사람들과 교분을 맺으면서 그들의 성취동기를 자극하는 역할을 했다.

메르센느는 신학적인 비판 앞에서 데카르트와 갈릴레오를 방어하고, 연금술과 점성술의 비과학성을 폭로하는 데 앞장서기도 했다. 그는 당대의 수학적 지성들과 끊임없이 토론하고 교류하는 과정에서 본인 스스로도 수학 정수론의 매력에 깊이 빠져들었다. 당시 정수론 분야에서는 16세기에 이르기까지 오랫동안 하나의 잘못된 가설이 사실로 받아들여지고 있었다.

그것은 "모든 소수 p에 대해서 $2^p - 1$는 소수다"라는 가설이었다. p에 소수인 2를 대입해 보면 $2^2 - 1 = 3$이라는 결과를 얻게 되는데, 3은 물론 소수다. p에 다른 소수인 5를 대입해 보면 $2^5 - 1 = 31$이라는 결과를 얻게 되는데, 31 역시 소수다. p에 또 다른 소수인 7을 대입해 보면 $2^7 - 1 = 127$이 되는데, 127도 또한 소수다.

직관적으로 보았을 때 소수 p에 대해서 $2^p - 1$이 항상 소수라는 가설은 사실처럼 보였다. 하지만 이렇게 몇 개의 값을 대입해 보았더니 그 결과가 참이었다고 해서 명제 역시 참이라고 주장하는 것은 수학에서 제일 '무식한 일'에 속한다(그건 옛날에 객관식 수학 문제의 답을 맞히기 위해서 동원되었던 '필살 초식'이었을 뿐이다). 엄격한 연역에 기초한 방법만이 절대적 진리에 이르기 위한 유일한 수학적 논증 방법이라고 여겼던 데카르트와 같은 사람은 무덤에서 벌떡 일어나서 "귀납(歸納)은 수학적 증명 과정이 아니다"라고 부르짖을지도 모르는 일이다.

수학과 과학의 세계에서 사용되는 '연역'과 '귀납'의 방법은 프로그래밍의 세계에서도 그대로 재현된다. 어떤 프로그래머는 내용이 복잡하게 얽

한 알고리즘을 작성하는 경우에 '논리의 흐름'에 따라서 문제를 해결하려고 하지 않고, 즉흥적으로 떠오르는 변수를 입력해 본 다음 프로그램이 정상적으로 동작하는 것처럼 '보이면' 알고리즘이 완성되었다고 결론을 내린다(이렇게 한두 개의 값을 대입해 보고 끝내는 것은 정상적인 '단위 테스트'가 아니다).

이런 식으로 입력되는 변수의 값은 대개 프로그램이 정상적으로 동작하는 '맑은 날(sunny day)'을 전제로 하는 경우가 많다. 이렇게 허술하게 테스트 된 프로그램은 주변의 환경이 '비 오는 날(rainy day)'로 변하면 예상하지 못했던 문제로 속을 썩인다. 알고리즘의 내부 논리는 버그에게 빈틈을 허용하지 않도록 팽팽하게 맞물려 있어야 한다. 그렇게 작성된 알고리즘은 단지 몇 개의 변수에 대해서가 아니라 '모든' 변수에 대해서 정상적인 결과를 낳는다.

예를 들어, 소수 p가 입력되었을 때 $2^p - 1$을 계산한 결과가 소수면 true를 리턴하고, 소수가 아니면 false를 리턴하도록 작성된 함수가 있다고 해보자. 언제나 '맑은 날'만을 염두에 두는 프로그래머라면 이 함수에 소수인 2, 3, 5, 7 등을 입력해 보았더니 항상 true가 리턴되는 것을 보고 옳지, 이 함수는 제대로 작성되었구나!하고 결론을 내릴 것이다. 이렇게 알고리즘을 정밀하게 읽어보면서 논리가 서로 맞물리는 과정을 끝까지 확인하지 않는 사람은 책임감 있는 프로그래머가 아니다.

오랜 시간 동안 정수론 분야에서 사실로 받아들여졌던 가설은 1536년에 와서 후댈리쿠스 레기우스(Hudalricus Regius)라는 수학자에 의해서 참이 아니라는 사실이 밝혀졌다. 올바른 것으로 (잘못) 이해됐던 알고리즘에서 치명적인 버그가 발견된 것이다. 그는 p에 소수인 11을 대입해서 $2^{11} - 1 = 2047$이라는 값을 얻었다. 그런데 2047이 23과 89의 곱으로 표현될 수 있다는 사실을 밝혀냄으로써 마침내 잘못된 가설의 정체를 폭로한 것이다.

1603년에 와서 피에트로 캐탤디(Pietro Cataldi)라는 사람은 p가 17과 19일 때는 2^p-1가 소수고, 마찬가지로 p가 23, 29, 31, 37일 때에도 소수가 된다고 주장하였다. 1640년에 페르마는 p가 23과 27인 경우에는 소수가 되지 않으므로 캐탤디의 주장이 틀렸다고 밝혔고, 1783년에는 오일러(Euler)가 p가 29인 경우도 소수가 되지 않는다는 사실을 밝혀냈다.

이러한 과정을 거치면서 p가 소수일 때 2^p-1이라는 형태의 수가 반드시 소수인 것은 아니라는 사실이 분명하게 밝혀졌다. 하지만 p가 어느 값일 때 2^p-1이 소수가 되고, 어느 값일 때는 소수가 아닌가 하는 데 대한 궁금증은 계속 남아 있었다. 이러한 궁금증에 답하기 위해서 메르센느는 1644년에 발표한 자신의 논문에서 다음과 같은 사실을 주장했다.

> "만약 p가 2, 3, 5, 7, 13, 17, 19, 31, 67, 127 그리고 257 중의 하나면, 2^p -1은 항상 소수다."

메르센느가 원했던 것은 사실 이 세상에 존재하는 모든 소수를 2^p-1과 같은 짧고 간결한 수식으로 표현하는 것이었다. 만약 그런 수식을 찾을 수 있었다면 그것은 실로 숨이 막힐 정도로 아름답고 절묘한 수학적 발견이 되었을 것이다. 하지만 그렇게 아름다운 수식은 세상에 모습을 드러내지 않았으며, 메르센느의 꿈은 실현될 수 없었다.

메르센느의 후배 수학자들은 시간이 흐르면서 그의 진술에서 67과 257이 빠져야 하고, 그 대신 61, 89, 107이 포함되어야 한다는 사실을 밝혀냈다. "p가 소수면 2^p-1은 소수다"라는 간명하지만 당당했던 명제는 사라지고, 이제는 p가 어떤 값이면 소수고 그렇지 않으면 소수가 아니고..하는 식의 지저분한 if-else 구문으로 알고리즘이 얼룩져갔다.

실전 프로그래밍에서 프로그램의 내용이 점점 복잡한 if-else 구문으로 얼룩지면, 어느 순간에 이르러 '리팩토링(refactoring)'을 고려하듯이 사람들은 마침내 이 복잡한 알고리즘에 대한 '리팩토링'을 진지하게 고려하기 시작했다. 그리하여 깔끔한 알고리즘이 새롭게 탄생했다. 그리고 사람들은 그것을 평생을 아름다운 기도와 공부에 바친 수도사 메르센느에게 헌사했다. 새로운 알고리즘의 내용은 다음과 같았다.

"p가 소수일 때 $2^p - 1$이 소수면, 그것은 메르센느 소수라고 한다."

프로그래머가 느끼는 성취감의 본질

어떤 수가 메르센느 소수인지 여부를 확인하는 작업은 어떤 수가 소수인지를 판별하는 일로 귀착된다. 소수로 이루어진 집합 $P=\{p_1,\ p_2,\dots\ p_n\}$이 있다고 했을 때 2^p-1이라는 수식에 값을 하나씩 대입해 본 다음 계산된 결과가 소수인지 여부를 판별하면 답을 구할 수 있을 것이다.

그렇게 수를 대입해서 확인하는 방법이 얼마나 '쉬운'지 보기 위해서 p=37인 경우에 대해서 살펴보기로 하자. p가 37일 때 2^p-1이 소수인지 여부를 확인하려면 우선 2^{37}을 계산해야 한다. 계산기가 흔한 요즘에는 $2^{37}=137,438,953,472$라는 결과를 구하는 것은 문제가 되지 않는다. 이제 이 수에서 1을 빼면 137,438,953,471이라는 결과를 얻게 된다. 다음으로 수행해야 하는 일은 이 수가 과연 소수인지 아닌지 여부를 확인해 보는 일이다. 그런데 그 일은 어떻게 해야 할까?

'무식한 힘'의 방법을 사용한다면 1에서부터 시작해서 137,438,953,471을 2로 나눈 몫에 이르기까지의 수를 전부 일일이 동원해서

137,438,953,471을 직접 나누는 방법이 있다. 이 경우에 걸리는 시간은 예를 들어, 나눗셈 연산 하나가 소비하는 시간이 (아주 크게 잡아서) 1msec라고 했을 때 2년이라는 시간을 가볍게 넘어선다. 물론 현대 컴퓨터의 성능을 고려한다면 이보다 빠른 결과를 얻을 수도 있겠지만, 그 시간도 별로 현실적이지 못한 것은 마찬가지일 것이다. p가 37일 때 이 정도라면 p가 조금만 더 커져도 '무식한 힘'의 방법은 정상적인 해법으로서의 의미를 상실할 수밖에 없다.

GIMPS(The Greatest Internet Mersenne Prime Search)라는 프로젝트는 세상에 알려진 메르센느 소수 중에서 가장 큰 수를 찾기 위한 메르센느 소수 검색 '매니아'들의 네트워크다. www.mersenne.org에 있는 GIMPS 홈페이지에 방문해 보면 지금으로부터 2년 전인 2013년 1월에 발견된 메르센느 소수에 대해서 다음과 같이 소개하고 있는 글을 읽을 수 있다.

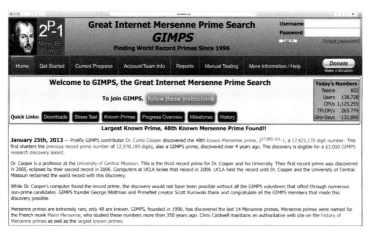

: GIMPS 프로젝트의 홈페이지

"활발한 GIMPS 기여자인 커티스 쿠퍼 박사는 17,425,170개의 수로 이루어진, 48번째 메르센느 소수인 $2^{57885161}$-1을 발견했다. 쿠퍼 박사의 발견은 4년 동안 기록을 보유하고 있던, 12,978,189개의 수로 이루어진 메르센느 소수의 기록을 뛰어넘었다. 이 발견으로 쿠퍼 박사는 3천 불에 달하는 GIMPS 연구발견상을 받게 되었다."

쿠퍼 박사가 발견한 최대 크기의 메르센느 소수는 2의 지수가 57,885,161에 해당하는 수다. 지수 함수의 값이 얼마나 빠르게 커지는지를 알고 있는 사람은 이러한 수가 얼마나 엄청난 값인지 상상할 수 있을 것이다. GIMPS에 따르면 이번에 발견된 메르센느 소수는 천칠백만 개가 넘는 숫자로 이루어졌다고 한다. 그 수 하나만 파일로 기록해 놓아도 파일의 크기가 17MB를 훌쩍 넘어설 정도다. 그것은 한 줄에 80개의 숫자가 빽빽이 들어간다고 했을 때 217,814여 개의 줄로 이루어진 파일이 될 것이다. 이런 숫자를 하나의 정수형 변수 안에 담을 수 있는 프로그래밍 언어나 운영체제조차 존재하지 않는다.

이 경우도 결국 알고리즘의 '최적화' 문제로 귀결된다. 하지만 어느 수가 소수인지 아닌지 판별하는 문제는 결코 쉬운 일이 아니다. 이러한 검사에 필요한 계산의 수를 줄이기 위해서 수학자들은 고심 끝에 메르센느 소수의 성질에 기초한 몇 가지 방법을 고안해냈다. 그중에서 가장 '아름다운' 방법으로 손꼽히는 것 중 하나는 1870년대에 루카스(Lucas)가 창안하고, 1930년에 레머(Lehmer)가 다듬은 '루카스-레머 검사법(Lucas-Lehmer testing)'이다.

이 방법은 어떤 일정한 규칙을 가지고 있는 열(sequence) 속에 p를 대입한 결과를 확인하기만 하면 2^p-1이 소수인지 아닌지를 판별할 수 있는 방법이기 때문에, 메르센느 소수를 찾기 위해 필요한 전체적인 계산 과정을 혁명적으로 단축시켰다. 이 방법에서 요구되는 가장 어려운 계산은 커다란 수의 제곱을 구하는 것과 그 수를 $2^p - 1$로 나눈 나머지 값을 구하는 계산인데, 수가 너무 크면 컴퓨터 시스템 내부에서 그 수를 한 번에 표시할 수 없기 때문에 계산이 복잡해진다.

1960년대에 제안된 '빠른 푸리에 변형(Fast Fourier Transform)' 방식은 큰 수를 여러 개로 나누어서 계산을 수행한 다음 다시 결합하는 일종의 '분할 점령' 알고리즘을 통해서 이러한 '한계'를 해결하였다. 컴퓨터와 수학을 연구하는 학자들은 그 이후에도 멈추지 않고 조금이라도 더 빠른 계산 방법을 고안해 내기 위해서 연구에 박차를 가하였고, 1994년에 와서는 리차드 크랜델(Richard Crandall)과 베리 페이진(Barry Fagin)에 의해서 FFT의 계산을 두 배 더 빠르게 수행할 수 있는 새로운 알고리즘이 발견되었다.

이렇게 혁명적으로 개선된 알고리즘의 존재에도 불구하고 메르센느 소수를 찾기 위한 계산은 여전히 '상상을 초월하는' 수준이기 때문에 엄청난 컴퓨터 자원을 필요로 했다. 하지만 실용적인 목적이 뚜렷하지 않은 이런 프로젝트에 '슈퍼컴퓨터'와 같은 값비싼 장치를 지원해 줄 기관은 없었다. 그래서 메르센느 소수의 탐험가들이 고안해 낸 방식은 전 세계에 흩어져 있는 PC나 워크스테이션을 네트워크로 연결해서 그들의 통합된 컴퓨팅 파워를 이용하는 방법이었다.

GIMPS의 홈페이지에서 운영체제에 맞는 클라이언트 프로그램을 내려받아서 설치하면 시간이 날 때마다 프로그램이 자동으로 실행되면서 GIMPS 프로젝트의 중앙 서버와 통신한다. 서버는 수많은 클라이언트 프로그램들에게 검색할 숫자를 지정해 주고, 결과를 수집하여 데이터베이스를 축적해 나간다. 이렇게 인터넷을 이용한 클라이언트–서버 방식의 아키텍처를 통해서 컴퓨터 자원 문제를 해결하는 예로는 외계에 존재하는 생명체를 찾기 위한 SETI(Search for Extraterrestrial Intelli-gence) 프로젝트도 있다.

이렇게 개별적으로 모인 '개미 군단'의 파워가 슈퍼컴퓨터의 그것을 능가한다고 하니 놀라울 뿐이다. (GIMPS의 홈페이지에서 볼 수 있는) 어느 수가 소수인지 여부를 확인하기 위한 계산을 조금이라도 최적화하기 위한 다양한 알고리즘을 살펴보는 것은 재미있다. 하지만 전 세계에 흩어져 있는 무명의 PC와 워크스테이션을 하나로 묶어서 이용한다는 발상이야말로 가장 절묘한 '최적화'라는 생각이 들었다. 하긴 전 세계의 이름 없는 시민들이 모여서 여러 나라의 정부가 공동으로 진행하는 '세계화' 회의를 무산시키기도 하는 세상이다. '개미'가 모이면 '산'도 움직인다.

문학적 프로그래밍

앞에서 살펴보았던 A⊂B 문제에서 '알고리즘 1'과 '알고리즘 2'의 차이를 정확하게 이해한 사람은 검색 알고리즘을 '최적화'하는 문제가 사실 '알고리즘 2'에서 그랬던 것처럼 '무식한 힘'에 기초한 알고리즘에서 중복되거나 불필요한 과정을 제거하는 문제로 귀결된다는 점을 깨달았을 것이다. 불필요하거나 중복된 일을 현명하게 피하는 것은 말하자면 '최적화' 과정의 요체다. 집합 문제에서 원소를 미리 '정렬'했던 것은 중복을 피하기 위한 예비 동작에 해당했다.

이러한 최적화의 문제와 관련해서 문제를 하나 풀어 보도록 하자. 사람에 따라서 답에 대한 의견이 다를 수도 있는 문제인데, 궁금한 사람은 알고리즘을 직접 구현해서 실행해 보면 정확한 결론을 얻을 수 있을 것이다.

영어로 쓰여진 텍스트(text)가 있다. 이 텍스트를 읽고 그 안에서 가장 많이 등장하는 상위 10개의 단어를 출력하는 프로그램을 작성하라.

이것은 ACM(Association for Computer Machinery) 저널에 「프로그래밍 펄(Programming Pearl)」이라는 유명한 칼럼을 연재했던 존 벤틀리(Jon Bentley)가 도널드 커누스 교수에게 던졌던 문제다. 커누스 교수는 80년대에 접어들면서 프로그래밍 세계에 '문학적 프로그래밍(literate programming)'이라는 가볍지 않은 화두(話頭)를 던진 적이 있었다. 벤틀리는 프로그래밍을 예술의 한 분야로 파악하려고 하는 대가(大家)의 독특한 통찰력에 깊은 감명을 받았다. 그리하여 그는 커누스 교수에게 '프로그래밍 펄'에서 문학적 프로그래밍을 소개하는 데 사용할 만한 알고리즘을 하나만 보내 달라는 편지를 보냈다.

이에 대해서 커누스 교수는 "나의 문학적 프로그래밍은 어떤 문제에도 적용될 수 있으므로 당신이 나에게 문제를 내면 내가 그 문제를 '문학적 프로그래밍'의 방법론으로 해결해서 보내 주겠다. 적어도 현재의 기준으로 '최선'의 알고리즘을 만들어서 보내 주겠다."라고 자신만만하게 대답했다.

1992년에 출판된 책 『문학적 프로그래밍(Literate Programming)』(Center for the Study of Language and Information, 1992)은 '문학적 프로그래밍'에 대한 커누스 교수의 논문과 강연 원고 그리고 벤틀리의 「프로그래밍 펄」 칼럼 두 개를 묶어 놓은 재미있는 책이다. 논문 자체는 1974년에 작성되었기 때문에 현재의 시각으로 볼 때는 '낡은' 것처럼 보이는 논의도 포함되어 있지만 전체적으로는 흥미 만점이다.

그동안 필자는 커누스 교수의 책인 『The Art of Computer Programming』(Addison-Wesley, 1997)을 '컴퓨터 프로그래밍의 기술'이라고 번역해왔다. 그런데 '문학적 프로그래밍'을 읽고 난 다음에는 아무래도 '컴퓨터 프로그래밍의 예술'이 더 정확한 해석이라는 생각이 들기 시작했다. 'Art'를 예술이 아니라 기술이라고 번역하는 것은 대학 신입

생 시절에 읽었던 에이리 프롬의『사랑의 기술(The Art of Love)』이라는 책의 영향이 크다. 'Art'가 '기술'이든 '예술'이든 커누스 교수가 프로그래밍을 단순한 기술이 아니라 미학적 의미에서의 '예술'로 파악한다는 점은 분명하다.

: 책으로 둘러싸인 존 벤틀리(www.cs.unc.edu)

ACM이 해마다 컴퓨터 학계에 공헌을 한 사람을 선발하여 수여하는 튜링상(A. M. Turing Award)은 1974년에 커누스 교수에게 돌아갔다. 튜링상을 수상한 사람이 ACM의 연례 회의에서 강연을 한다는 전통에 따라서 커누스 교수는 1974년 11월 미국 샌디에이고(San Diego)에서 열린 회의에서 '예술로서의 컴퓨터 프로그래밍(Computer Programming as an Art)'이라는 제목의 강연을 했다. 'Art'라는 영어 단어의 뿌리를 놀라울 만큼 해박한 지식을 동원해서 설명한 이 강연에서 그는 다음과 같은 말로 끝을 맺었다.

> "그래서 우리는 컴퓨터 프로그래밍을 하나의 예술로 생각한다. 그것은 그 안에 세상에 대한 지식이 축적되어 있기 때문이고, 기술(skill)과 독창성(ingenuity)을 요구하기 때문이고 그리고 아름다움의 대상(objects of beauty)을 창조하기 때문이다. 어렴풋하게나마 자신을 예술가(artist)라고 의식하는 프로그래머는 스스로 하는 일을 진정으로 즐길 것이며, 또한 남보다 더 훌륭한 작품을 내놓을 것이다."

커누스 교수를 비롯한 70년대의 천재적인 전위들은 프로그래밍이 머지않아서 예술로 대접받는 시절이 올 것이라고 당차게 예언했다. 그러한 선언은 많은 후배들의 영감을 자극했고, 열정적인 논의와 다양한 프로그래밍 방법론의 개발로 이어졌다. 'goto'의 존재와 역할에 대한 논쟁, '구조적 프로그래밍(structured programming)'에 대한 논의 그리고 객체 지향(object oriented)으로 이어지는 패러다임의 혁명은 프로그래밍을 '예술'로 파악하고자 했던 아방가르드들의 자존심과 무관하지 않았다.

'알고리즘'을 읽고, 감상하고, 개발하고, 수정하는 일을 직업으로 하는 사람들은 시간이 흐르고 경험이 축적되면 수학적 엄밀성으로 꽁꽁 묶여 있는 알고리즘의 내부에 시(詩), 노래, 소설 혹은 아름다운 그림과 다를 바 없는 서정적인 '미학(美學)'이 숨어 있음을 깨닫게 된다.

> "컴퓨터 프로그램을 작성하는 일은 재미있다. 그리고 잘 작성된 프로그램을 읽는 것도 재미있다. 세상에서 가장 즐거운 일 중 하나는 여러분이 작성한 컴퓨터 프로그램을 다른 사람들 혹은 여러분 자신이 읽고 기쁨을 얻는 것이다.
> 컴퓨터 프로그램은 또한 유용한 작업을 수행할 수도 있다. 세상에서 가장 큰 성취감을 맛보는 순간은 여러분이 창조한 무엇이 사회의 부(富)와 진보에 기여한다는 사실을 깨닫는 순간이다. 어떤 사람들은 컴퓨터 프로그램을 작성함으로써 돈을 벌기도 한다! 따라서 프로그래밍은 세 가지 측면에서 결실을 맺는 행위다. 미학적으로, 인류학적으로 그리고 경제적인 면이 바로 그러한 결실에 해당한다."
> – 『문학적 프로그래밍』 서문에서

필자의 첫 책이었던 『행복한 프로그래밍: 컴퓨터 프로그래밍 미학 오디세이』가 출간되고 나서 독자들로부터 이메일을 많이 받았다. 독자들의 메일을 읽는 것은 책을 쓰기 전에는 예상하지 못했던 즐거움이었다. 대학원에서 전공을 바꿔서 뒤늦게 컴퓨터 프로그래밍을 공부하며 고단함을 느끼던 중 '행프'를 읽고 프로그래밍을 다시 보게 되었다는 어느 여대생의 메일, 대학에 진학하면 프로그래밍을 공부하고 싶었는데, 역시 그렇게 마음 먹기를 잘했다며 즐거워한 고등학생, 멀리 네팔에서 봉사 활동을 하다가 '행프'를 재미있게 읽었다며 메일을 보내온 독자 등등 일일이 열거할 수 없는 많은 메일을 받고 큰 행복과 보람을 느꼈다.

하지만 칭찬과 격려만 있었던 것은 아니다. 그중에는 날카로운 비판을 담은 메일도 적지 않았고 때로는 '프로그래밍' 앞에 붙어 있는 '행복한'이라는 형용사를 문제 삼은 사람도 있었다. 미국에서 상대적으로 좋은 환경에서 프로그래밍을 하고 있기 때문에 '행복'을 느낄 수 있는 것이 아니냐, 한국의 척박한 현실에서 프로그래밍을 하면 과연 '행복'을 말할 수 있겠느냐는 요지의 비판이었다.

일리가 있는 말이라고 생각했다. 하지만 생각을 해보면 미국의 환경과 한국의 환경을 그렇게 비교하는 것은 이미 그 안에 '행복'의 기준에 대한 일정한 (주관적인) 판단이 개입하고 있다는 생각이 뒤를 따랐다. 미국의 환경이 한국의 환경보다 (가슴이 아프지만) 더 좋을 수 있다는 점에 대해서는 부정할 생각이 없다. 하지만 위에서 커누스 교수가 지적한 '세 가지' 측면을 골고루 생각해보자. 미국의 환경은 한국의 환경보다 '미학적'으로 혹은 '인류학적'으로 우위에 있다고 볼 수 있을까? 그것이 아니라면 혹시 그 독자가 초점을 맞추었던 부분은 '경제적'인 면에 국한되어 있었던 것은 아닐까?

실전 프로그래밍을 하다 보면 '창조적'이고 '예술적'인 일만 할 수 있는 것은 아니다. 그와 반대로 대부분의 시간을 '예술'과는 거리가 먼 (흔히 '노가다'라고 부르는) 단순 반복 작업을 하면서 보내기가 더 쉽다. 기술적인 측면을 전혀 이해하지 못하는 고객이나 시스템 엔지니어(system engineer)를 만나서 지루한 설전을 벌이는 것도 흔한 일과 중의 하나다.

무서운 속도로 쏟아져 나오는 따끈따끈한 기술을 배우고 익힐 기회가 주어지기는커녕 낡은 기술을 붙들고 틀에 박힌 작업을 해야 하는 경우가 많다. 신선한 재료를 다듬어서 맛있는 요리를 만드는 것이 아니라 다른 사람이 더럽혀 놓은 그릇을 '설거지'하는 듯한 기분이 들 때가 더 많은 것이다.

미국이라고 해서 그것이 다를까? 다른 것이 있다면 그것은 프로그래밍을 할 때를 제외한 일상적인 시간을 둘러싸고 있는 다른 삶의 차원이지 프로그래밍 자체를 놓고 보았을 때 미국이 한국과 다를 것은 아무것도 없다. 사이버 세상은 한국에서도 비트로 이루어졌고 미국에서도 비트로 이루어졌다. 미국에서 짠 절묘한 알고리즘이 한국에 가면 밋밋해진다는 법도 없다. 프로그래밍을 통해서 예술적 미감과 행복을 맛보는 일에는 '국경'이 없는 것이다.

아름답고 속 깊은 소설을 쓰는 작가가 워드 프로세서로 글을 타이핑하는 일을 지루한 '단순 반복 작업'이라고 말한다면 어떻게 들릴까? 영혼이 담긴 그림을 그리는 화가가 붓을 물에 씻는 일이 하찮고 귀찮은 일이라고 불평을 한다면 어떻게 들릴까? 실전 프로그래밍에서 주로 하게 되는 일상적인 일들의 '참을 수 없는 하찮음'은 사실 아름다운 알고리즘 창조 작업의 '소중한' 일부다. 모든 일이 그렇다. 지루한 일상의 반복이 없으면 빛나는 창조도 없다. 일상의 소중함을 잘 이해하는 사람만이 진정한 비약을 이룰 수 있기 때문이다.

커누스 교수가 설파했던 '문학적 프로그래밍'은 실현되지 않았다. '문학적 프로그래밍'이란 단순히 소스 코드를 보기 좋게 정돈하는 것을 의미하지 않는다. 그것은 소스 코드의 단정함을 포함해서, 논리의 정밀성, 성능의 효율성, 발상의 독창성 등을 모두 포함하는 혁명적인 패러다임이었다. 커누스 교수는 이러한 '문학적 프로그래밍'의 속성들이 시스템을 통해서 자동적으로 보장되는 소프트웨어 개발 환경을 구축하려고 노력했다. 하지만 그의 노력은 완성되지 않았으며 지금 이 순간에도 계속되고 있는 진행형이다.

벤틀리가 커누스 교수에게 제출했던 문제를 풀기 위한 알고리즘 중에서 다음과 같은 두 개의 알고리즘을 서로 비교해 보기 바란다. 두 개 중에서 더 빠르고 효율적으로 동작하는 알고리즘은 어떤 것일까?

{ 알고리즘 1 }

❶ (준비) 단어를 'w'라고 하고 hash(w)는 w에 대한 유일한 해시 키를 리턴하는 해시 함수라고 하자. (즉 서로 다른 단어 w와 w'에 대해서 hash(w)와 hash(w')는 항상 다른 키값을 리턴한다) count[ ]는 각 단어의 빈도를 나타내는 정숫값을 저장하기 위한 배열이고, word[ ]는 각 단어를 나타내는 문자열을 저장하기 위한 배열이다.

❷ 문서를 처음부터 끝까지 읽어 나가면서 단어 w를 읽을 때마다 count[hash(w)]의 값을 1만큼 증가시킨다. 만약 count[hash(w)]의 값이 0이었다면 word[hash(w)]에 w를 저장한다.

❸ count[ ]에 저장된 값을 순서대로 정렬한 다음, 큰 순서대로 10개의 값을 찾는다. 그 10개의 값에 상응하는 word[hash(w)]의 값도 함께 출력한다.

{ 알고리즘 2 }

❶ 준비 과정은 앞의 '알고리즘 1'의 경우와 동일하다.

❷ (1단계 검색) 문서를 순서대로 읽어 나가면서 단어 w를 읽을 때마다 count[hash(w)]를 증가시킨다. (앞의 알고리즘과 동일하다. 그러나 여기에서는 word[ ]에 대한 연산이 없다는 사실에 주목하기 바란다)

❸ (2단계 검색) 문서를 처음부터 다시 순서대로 읽어 나가면서 단어 w를 읽을 때마다 우선 count[hash(w)]의 값을 확인한다. 만약 값이 어떤 상수 C보다 크면 word[hash(w)]에 w를 값으로 설정한다.

❹ count[ ]에 저장된 값을 순서대로 정렬한 다음, 큰 순서대로 10개의 값을 찾는다. 그 10개의 값에 상응하는 word[hash(w)]의 값도 함께 출력한다.

두 알고리즘이 가지고 있는 차이는 분명하다. '알고리즘 1'은 텍스트에 등장하는 모든 단어를 word[ ]라는 배열에 저장하는 대신 텍스트를 딱 한 번 읽는다. 한편 '알고리즘 2'는 텍스트에 등장하는 단어 중에서 일정한 상수 C보다 많이 등장하는 단어만 골라서 word[ ] 배열에 저장하는 대신 텍스트를 두 번 읽는다. 어느 쪽 알고리즘이 효율적일지 신중하게 비교해 보기 바란다. '시간'과 '공간' 중에서 어느 쪽에 더 큰 비중을 두어야 하는가에 따라서 답이 달라질 수도 있다.

보통 영어로 된 문서에 등장하는 단어의 절반은 한 번씩만 나타난다고 알려져 있다. 또한 대부분의 단어가 매우 낮은 빈도로 등장하며 자주 나타나는 단어는 상대적으로 소수에 불과하다고 한다. 그렇기 때문에 만약 '2단계 검색'에서 사용된 상수 C의 값을 적당히 올리면 word[ ] 배열에 저장되는 문자열의 수를 낮출 수 있다. 즉 배열 'word'에 저장되는 문자열이 문서에 등장하는 모든 단어가 아니라 반드시 일정한 횟수 이상 등장하는 소수의 문자열로 제한하는 것이다.

이 정도로만 힌트를 남겨 두고 두 알고리즘의 성능을 실제로 비교하는 것은 여러분의 숙제로 남겨 둔다.

1986년 5월과 6월에 나온 ACM 저널에 자신의 칼럼 「프로그래밍 펄」을 쓰면서 벤틀리는 독자들에게 다음과 같은 질문을 던졌다.

"조용한 밤에 의자에 편히 앉아서 프로그램을 읽으면서 시간을 보냈던 기억 중에서 가장 최근은 언제인가?

벤틀리는 자기의 대답은 커누스 교수의 프로그램을 읽기 전까지는 "전혀(Never)"에 해당했다고 솔직하게 대답했다. 독자 여러분 중에서 "전혀"가 아닌 다른 대답을 할 사람이 얼마나 많을지 궁금하다. 여기에서 벤틀리가 말하는 프로그램은 "지난 여름에 작성한 서브루틴(subroutine)도 아니고, 다음 주에 급히 수정해야 하는 프로그램도 아니다." 즉 '일'의 연장선 상에서 의무감을 가지고 읽어야 하는 프로그램을 의미하는 것이 아니다.

이 책의 나머지 내용은 다른 사람이 작성한 프로그램을 '읽는' 것으로 채워질 것이다. 벤틀리의 질문에 대한 답이 "전혀"였던 사람은 이 책의 나머지 내용을 읽으면 새로운 대답을 내놓을 수 있게 될 것이다.

3.
장.

하드코어로 달아오르는 뜨거운 오후

서태지가 오랜 침묵을 깨고 발표한 2집의 장르가 '하드코어'라는 말을 듣고 림프 비즈킷과 콘의 CD를 구입했던 기억이 난다. 많이 듣지는 않았지만 가끔 기분이 가라앉을 때 들으면 기분 전환이 되었다. 이 장에서 소개하는 '세 줄짜리 펄 프로그램'은 말하자면 서태지나 림프 비즈킷도 고개를 저을 '울트라 하드코어'에 해당한다. '마니아'가 아니라면 이해할 수 없는 '꼴통 마니아'들의 프로그래밍이다.

유클리드 알고리즘

: 유클리드(www.donga.hs.kr)

이집트의 왕자 톨레미는 그리스의 수학자 유클리드에게 기하학을 배웠다. 그가 유클리드에게 기하학을 조금 쉽게 배울 수 있는 방법은 없느냐고 물었을 때 엄격한 유클리드가 한 대답이 유명한 "기하학에는 왕도가 없다" 였다. 원하는 답을 듣지 못한 톨레미는 실망을 했을 것이다. 하지만 '왕도' 가 없는 것은 기하학만이 아니라 세상의 모든 일이 마찬가지다.

바둑을 두는 사람들은 프로기사를 만나면 흔히 '바둑이 빨리 느는 길' 을 묻는다. 그때 프로기사들이 들려주는 대답은 한결같다. 열심히 책을 읽고, 바둑을 많이 두어 보는 것, 그것이 최선의 길이라고 대답한다. 꾸준히 기초를 닦고 부지런히 연습하는 길보다 빠르고 확실한 길은 세상에 없다. 그것은 컴퓨터 프로그래밍에서도 예외가 아니다.

『원론(Stoikheia)』은 유클리드가 플라톤 철학과 그리스 기하학을 결합하여 체계적으로 집대성한 기하학의 고전이다. 『원론』의 내용이 얼마나 풍부한지는 기원전 300여 년쯤에 작성된 이 책이 20세기 초반까지 영국에서 교과서로 사용되었다는 점만 보아도 짐작할 수 있다. 유클리드는 『원론』에서 감정이나 주관적 견해를 철저하게 배제하고 자로 잰 듯한 정확성과 엄밀성만으로 피타고라스, 플라톤, 히포크라테스 등의 연구와 자신의 창작을 함께 기술하였다.

이 책은 그 흔한 '헌사'나 '서문'조차 없을 정도로 처음부터 끝까지 오직 수학적 엄밀성에만 충실한 것으로 유명하다. 이 책이 사람들에게 얼마나 깊은 인상을 주었는지는 (요즘에는 설마 그런 사람이 없겠지만) 당대의 사람들이 '유클리드'를 수학자의 이름이 아니라 책 이름 혹은 '기하학' 자체를 의미하는 대명사로 착각하기도 했다는 이야기를 보면 알 수 있다. '유클리드'라는 이름이 세상에 던진 울림의 폭과 깊이는 그 정도로 강렬했던 것이다.

'정확성'과 '엄밀성'으로 말하자면 컴퓨터 프로그래밍 역시 기하학에 비해서 조금도 뒤지지 않는다. 프로그래밍에서는 점 하나만 잘못 찍어도 소프트웨어의 작동이 중단될 만큼 치명적인 결과를 낳기 때문이다. 다행스러운 것은 프로그램 코드의 외면적인 정확성은 해당 언어의 컴파일러가 어느 정도 보완을 해준다는 점이다. 그렇지만 코드가 담고 있는 내면적인 논리와 의미의 정확성은 프로그래머 자신이 전적으로 책임져야 하기 때문에 긴장을 늦출 수 없다.

: 그리스어로 작성된 '원론'의 사본. 888년의 사본으로 추정된다(www.health.uottawa.ca)

'유클리드 알고리즘'은 주어진 두 수 사이에 존재하는 최대공약수를 구하는 알고리즘이다. 이 알고리즘의 뼈대가 완성된 것은 지금으로부터 2,000년도 더 된 옛날이지만 알고리즘을 구현하는 논리가 간단하고 명쾌하여 요즘에도 알고리즘을 설명하는 교과서에서 단골로 등장하고 있다. 알고리즘을 정식으로 배운 사람이라면 한 번쯤 보았던 내용이겠지만, 그 내용은 다음과 같다.

우선 임의의 두 자연수 m과 n이 주어졌다고 하자. 편의상 m이 n보다 항상 크거나 같은 값을 가진다고 가정하자. 그렇다고 해서 일반성을 상실할 염려는 없다. n이 m보다 큰 경우에는 n을 m으로 부르고, m을 n이라고 부르면 되기 때문이다. 즉 필요하다면 m과 n의 값을 서로 바꾸면

(swap) 된다. 이때 m과 n 사이에 존재하는 최대공약수를 구하는 유클리드의 알고리즘은 다음과 같다.

❶ m을 n으로 나눈다. 나머지를 r이라고 한다.
❷ 나머지 r이 0이면 n이 최대공약수다. 나머지가 0이 아니라면 m의 값을 n으로 설정하고, n의 값은 r로 설정한 다음 ❶로 되돌아가서 반복한다.

군더더기 하나 없는 아름다운 시와 같은 알고리즘이다. 알고리즘을 설명하는 단어 사이에서 마치 왈츠풍의 경쾌한 음악 소리가 흘러나오는 것같다. 이 알고리즘을 C 언어로 표현하면 다음과 같은 코드가 된다.

```c
int gcd (int m, int n)
  {
      if (n > m)
      {
          // swap 함수는 m이 n보다 작은 경우에는 두 수의 값을 서로
          // 바꿈으로써 m이 n보다 항상 크다는 가정이 참이 되도록
          // 보장해준다. swap 함수를 구현하는 것은 연습 문제로
          // 남겨둔다.
          swap (m, n);
      }

      while (n > 0)
      {
          r = m % n;
          m = n;
          n = r;
      }
      return m;
  }
```

알고리즘이 동작하는 과정을 구체적으로 살펴보기 위해 예를 하나 생

각해 보자. 임의의 두 자연수 582와 129 사이에 존재하는 최대공약수를 유클리드 알고리즘을 통해서 구하면 다음과 같은 과정을 밟게 된다.

[1단계] $582 = 129 \times 4 + 66$

582를 129로 나누면 몫이 4고, 나머지가 66이다.

[2단계] $129 = 66 \times 1 + 63$

129를 66으로 나누면 몫이 1이고, 나머지가 63이다.

[3단계] $66 = 63 \times 1 + 3$

66을 63으로 나누면 몫이 1이고, 나머지가 3이다.

[4단계] $63 = 3 \times 21 + 0$

나머지가 0이므로 두 수의 최대공약수는 3이다.

각 단계의 표현이 'm=n×C+r'의 형태로 되어 있고, 다음 단계로 넘어갈 때마다 n이 m의 자리로 이동하고, r은 n의 자리로 이동하고 있다. 이러한 단계를 통해서 두 수의 최대공약수가 산출되는 원리는 수식으로 증명될 수 있지만 증명 과정은 지루하므로 생략한다(진짜 졸린 수학 증명은 뒤에서 보게 될 것이다. 벌써부터 졸린 사람은 그때까지만 참기 바란다). 알고리즘의 원리를 좀 더 구체적으로 이해하고 싶은 사람은 간단한 두 수를 이용해서 앞의 프로그램을 손으로 천천히 돌려보면서 각 단계마다 m과 n의 값이 어떻게 변하는지 확인해보기 바란다.

유클리드가 개발한 이 알고리즘은 오늘에 이르기까지 최대공약수를 구하는 방법 중에서는 가장 효율적인 방법의 하나로 통용되고 있다. 알고리즘의 내용이 산뜻하고 간결하여 위에서 보다시피 프로그램으로 구현하는 것도 매우 쉽다.

세상일이 다 그렇다. 어떤 사실을 정확하게 이해한 사람은 자신이 이해한 내용을 쉽고 간결하게 설명할 수 있지만, 그렇지 않은 사람은 중언부

언하면서 쉬운 이야기를 어렵게 한다. 경험이 풍부하고 실력이 뛰어난 프로그래머가 작성한 프로그램을 읽는 일은 그래서 즐겁다. 코드에 군살이 하나도 없는 대신 구현하고 있는 논리가 잘빠진 근육처럼 탄탄하고 빈틈이 없다. 버그가 원래 군살을 파고든다는 점을 생각해 보면 알고리즘을 군더더기 없이 간결하게 만드는 것은 상당한 '실력'에 속하는 일이다.

재귀의 마술

그렇다면 이쯤에서 프로그래밍 문제를 하나 풀어 보도록 하자. 앞의 gcd 함수가 날씬하고 산뜻하긴 하지만, 아직 군살이 조금 남아 있다. 함수가 시작되는 곳에서 swap 함수를 호출하는 부분이 아무래도 눈에 거슬리지 않은가? 알고리즘을 약간 수정해서 swap 함수를 호출할 필요가 없게 만들어보자. 제한 시간은 3분이다.

문제를 읽고 머릿속에 일단 '재귀(recursion)' 기법이 떠오른 사람은 무조건 합격이다. 재귀를 떠올린 사람은 프로그래밍에 대한 기본적인 감각이 있는 사람이다. 알고리즘을 작성하는 데는 다양한 기법이 존재하지만 그중에서도 '재귀'는 간결하여 가장 미감(美感)이 풍부한 기법에 속하기 때문이다. 다음 소스 코드는 재귀 기법을 이용해서 gcd 함수를 좀 더 날씬하게 작성한 것이다. 함수가 실행된 결과를 화면에 출력하는 메인 함수도 포함되어 있다.

```
#include <stdio.h>

int main(int argc, char** argv)
{
    // 명령행에서 입력된 두 수를 정수형 변수로 변환한다.
    // 실제 프로그램에서는 argv의 길이를 확인해서 3보다 작으면
    // 에러 메시지를 출력해야 한다. 여기서는 에러 확인 과정을
    // 생략했다.
    int m = atoi(argv[1]);
    int n = atoi(argv[2]);

    // gcd 함수를 호출함으로써 최대공약수를 구한다.
    int d = gcd (m,n);

    // 결과를 화면에 출력한다.
    printf ("the greatest common denominator of %d
            and %d is %d\n",m,n,d);
}
// 최대공약수를 구하는 함수 - 문제의 답
int gcd (int m, int n)
{
    if (n == 0)
    {
        return m;
    }
    else
    {
        return gcd (n, m%n);
    }
}
```

컴퓨터의 아버지로 불리는 찰스 배비지(Charles Babbage)는 일찍이
자신이 발명한 컴퓨터를 스스로의 꼬리를 잘라 먹는 '엽기적인' 괴물 우로
보로스(Ouroboros)에게 비유한 바 있다. 0과 1로 이루어진 기다란 비트

의 열을 입력하면 다른 비트의 열을 출력하는 컴퓨터가 배비지의 눈에는 자기 꼬리를 잘라 먹으면서 자라나는 괴물처럼 보였던 것이다. 재귀는 그런 우로보로스의 모습과 똑 닮았다.

C를 비롯하여 거의 모든 프로그래밍 언어에서 함수가 호출되면 함수가 호출된 장소를 가리키는 주소가 시스템 내부의 스택(stack)에 저장된다. 이것은 호출된 함수가 작업을 끝마치고 리턴될 때 되돌아갈 위치를 기억해야 하기 때문이다. 재귀 함수는 매우 세련된 기법이지만, 이와 같이 시스템 내부의 스택에 함수의 주소가 저장되어야 하기 때문에 함수가 재귀적으로 호출되는 횟수가 일정한 수를 넘게 되면 알고리즘의 실행 속도가 저하된다는 단점이 있다(피보나치 수열을 재귀로 구사한 알고리즘에서 보았던 '중복'의 문제가 아니더라도 재귀 기법은 이와 같은 '오버헤드'의 문제가 있다).

재귀적으로 호출된 함수가 리턴될 때 함수를 호출했던 원래 자리로 되돌아와야 하는 이유는 원래 함수에서 재귀적으로 함수를 호출한 부분 다음에 다른 내용이 포함되어 있으면 그 내용을 계속해서 처리해야 하기 때문이다. 예를 들어, 과장님이 시킨 일을 하다가 부장님이 갑자기 다른 일을 시켜서 원래 하던 일을 잠시 멈추고 다른 일을 해야 하는 경우와 같다. 부장님이 시킨 일을 시작하기 전에 과장님이 시킨 일을 모두 끝마친 것이 아니라면 중간에 시작한 일을 끝마친 다음에는 원래 하던 일로 되돌아가서 남아 있는 일을 마저 끝내야 한다(아니면 과장님에게 혼난다).

　함수가 호출될 때 프로그램의 현재 위치가 스택에 저장되는 과정을 그림으로 살펴보자(다음 페이지 그림 참고).

　test3 함수의 일이 전부 수행되어 리턴하게 되면 스택에 저장되어 있는 주소를 읽어서 test2 함수 안에서 test3을 호출했던 위치(그림에서 ★로 표시된 위치)로 되돌아간 다음 그곳에서부터 test2 함수 안에 남아 있는 나머지 일을 수행한다. 말하자면 이 경우에 test3 함수의 내용은 부장님이 시킨 일에 해당하고, test2 함수의 내용은 과장님이 시킨 일에 해당하는 것이다.

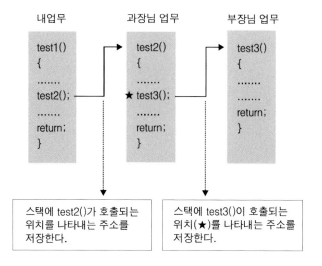

내업무

```
test1()
{
.......
test2();
.......
return;
}
```

과장님 업무

```
test2()
{
.......
★ test3();
.......
return;
}
```

부장님 업무

```
test3()
{
.......
.......
return;
}
```

스택에 test2()가 호출되는
위치를 나타내는 주소를
저장한다.

스택에 test3()이 호출되는
위치(★)를 나타내는 주소를
저장한다.

　재귀 알고리즘은 이렇게 내부 스택을 이용해서 함수가 호출된 지점을
정확하게 기억해야 하기 때문에 메모리의 사용이나 프로그램의 처리 속도
면에서 추가적인 부하가 걸린다. 그래서 프로그래밍의 '고수'들은 재귀 알
고리즘 대신 본인이 직접 설계한 스택을 이용하거나 for나 while과 같은
루프를 돌리는 방법을 선호하는 경우가 많다.

　재귀 알고리즘을 이용할 것인가 아니면 for나 while 루프를 이용할
것인가 하는 선택은 전적으로 프로그래머 본인의 취향에 달린 문제지만,
분명한 것은 그 두 가지 방법 사이에 존재하는 장단점이 명백하다는 사실
이다. 재귀 알고리즘은 산뜻하고 명쾌하지만 (상대적으로) 무겁고 느리며,
for나 while 루프를 직접 돌리는 방식은 가볍고 빠르지만 코드가 (상대적
으로) 읽기 어렵고 멋이 없다는 단점이 있다(컴파일러가 설계되는 방식에
따라서 이러한 차이가 최소화될 수는 있다).

　그런데 이러한 두 가지 방법 사이에서 각자의 장점을 취하는 특이한
알고리즘이 존재한다. 그것은 바로 '꼬리 재귀(tail recursion)'라고 불리

는 알고리즘이다. 재귀 알고리즘에서 함수를 호출하는 위치의 주소값이 스택에 저장되어야 하는 이유는 원래 위치로 되돌아가서 남은 일을 마저 끝내야 하기 때문이라고 설명했다. 그렇다면 만약 원래 위치로 돌아갔을 때 할 일이 남아 있지 않은 경우는 어떻게 해야 할까? 부장님이 시킨 일을 끝마쳤을 때 과장님이 시킨 일도 이미 끝난 상태라면 굳이 원래 시점으로 돌아갈 필요가 있을까?

물론 없다. 그런 경우에는 함수가 호출된 위치를 기억해 둘 필요도 없다. 이렇게 재귀적 함수를 원래 함수의 꼬리 부분에서 호출하는 경우를 일컬어(꼬리곰탕이 아니라) '꼬리 재귀'라고 부른다.

앞의 gcd 함수가 바로 꼬리 재귀의 경우에 해당한다. 재귀적으로 호출된 gcd 함수가 리턴되었을 때 원래 함수 안에는 더 이상 할 일이 없다. 그렇기 때문에 이런 경우에는 호출된 함수가 리턴되고 나서 굳이 함수가 호출되었던 원래 위치로 되돌아갈 필요가 없다. 이 경우에는 '호출된' 함수가 리턴될 때 '호출한' 함수도 동시에 리턴될 수 있기 때문이다.

재귀적으로 호출된 함수가 리턴되었을 때 원래 위치로 되돌아가야 하는 경우와 그렇지 않고 동시에 같이 리턴되는 경우를 그림으로 비교해 보면 다음과 같다.

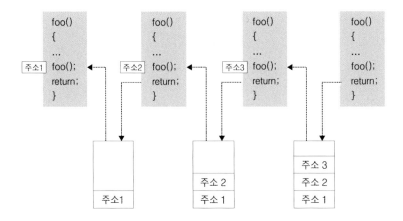

함수가 재귀적으로 호출될 때마다 함수가 호출된 위치를 가리키는 주소값이 스택 안에 저장된다. 그다음 호출된 함수의 시작 부분에 있는 명령어가 실행된다.

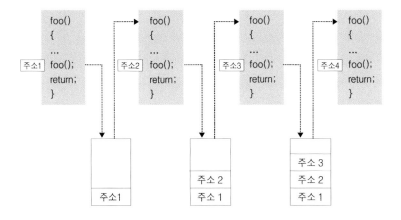

호출되었던 함수가 리턴될 때 스택에서 돌아갈 위치를 가리키는 주소값을 꺼내서 확인한 다음 주소가 가리키는 위치로 돌아간다. 예를 들어, 맨 오른쪽에 있는 foo( ) 함수가 리턴할 때 우선 스택에서 가장 위에 있는

주소 값인 '주소 3'을 꺼내서 읽고 그 위치로 되돌아간다. 이렇게 스택에 값을 저장하고, 읽고 하는 일들이 모두 일종의 '오버헤드'에 해당한다.

그림에서 'foo( )'라는 함수의 내용을 담고 있는 부분은 프로그래머들이 직접 통제할 수 있는 프로그램 코드 영역이다. 한편 코드 아래에 있는 스택은 프로그램이 실행되는 런타임 환경(runtime environment)의 일부거나 혹은 운영체제(operating systems)의 일부에 속하기 때문에 프로그래머들이 직접 통제할 수 있는 대상이 아닌 경우가 많다(시스템 프로그래밍의 경우는 예외다).

모든 알고리즘이 '꼬리 재귀'의 형태로 작성될 수 있는 것은 아니지만 조금만 생각해 보면 많은 재귀 알고리즘이 '꼬리 재귀' 기법으로 작성될 수 있다. 컴파일러가 꼬리 재귀를 인식하는 경우에는 함수가 재귀적으로 호출될 때 리턴되는 위치를 스택에 저장하지 않는다. 따라서 이러한 컴파일러에서 꼬리 재귀가 사용되면 재귀 알고리즘이 일반적으로 가지고 있는 단점이 없다.

```c
int foo (int n)
{
    if (n == 0)
    {
        return 1;
    }
    return 2*foo(n-1);
}
```

이 코드는 입력된 정수 n에 대해서 2^n을 리턴하는 함수다. 이 함수의 알고리즘도 역시 재귀적으로 작성되어 있는데, 이 함수가 '꼬리 재귀'인지 아니면 그냥 일반적인 '재귀'인지 생각해 보기 바란다. 앞에서 '꼬리 재귀'

를 어떻게 정의했는지 잘 생각해 보고, 답을 정해야 한다. 이것이 만약 꼬리 재귀가 아니라면 이 알고리즘의 실행 속도를 향상시킬 수 있는 방법에 대해서도 생각해 보기 바란다.

리베스트, 샤미르, 에이들맨의 수학 게임

미국의 대중적인 과학 잡지 「사이언티픽 아메리칸(Scientific American)」의 1977년 8월호에는 '수학 게임(Mathematical Games)'이라는 칼럼이 실려 있었다. 그 칼럼에는 리베스트(Rivest), 샤미르(Shamir), 에이들맨(Adleman)이라는 세 명의 젊은 MIT 학자가 새롭게 개발한 암호화 알고리즘에 대한 설명이 담겨 있었다.

인터넷이라는 전 지구적 차원의 컴퓨터 네트워크가 대중화되기까지 아직 15년 정도의 시간이 남아 있었던 당시만 해도 '암호학(cryptography)'이라는 분야는 일반적인 사람들의 관심을 끄는 분야가 아니었다. 하지만 이 새로운 알고리즘은 세상을 (특히 미국의 국가 보안부(National Security Agency)) 깜짝 놀라게 했다. 패기가 넘치는 칼럼의 말미에는 자기들이 개발한 알고리즘을 이용해서 암호화시켜 놓은 메시지를 수록하고 그것을 해독하는 사람에게는 100달러의 상금을 주겠다고 했다. 사람들이 놀란 이유는 물론 그것 때문이 아니었다.

정보를 암호화하는 문제는 컴퓨터의 사용과 더불어 등장한 것이 아니라 인류의 역사만큼이나 오래된 뿌리를 가지고 있다. 인류는 오랫동안 문서를 암호화하는 유일한 방법은 문서를 보내는 사람과 받는 사람이 미리정해진 '키(key)'를 가지고 있는 방법밖에 없다고 생각해 왔다.

그러나 스탠퍼드 대학의 디피에(Diffie)와 헬만(Hellman) 그리고 버클리 대학의 머클(Merkle)은 오늘날 널리 사용되고 있는 '공개 키'와 '개인키'를 이용하는 'PKC(Public Key Cryptography)'라는 혁명적인 개념을 정식화함으로써 인류가 수천 년 동안 유일한 방법이라고 여겨 왔던 암호화의 방식을 근본적으로 뒤바꿔 놓았다. 디피에, 헬만, 머클의 공헌이 '혁명적인 개념'을 탄생시킨 것이라면 세 명의 젊은 학자가 개발한 RSA 알고리즘은 '혁명적인 개념'을 현실로 육화(肉化)시킨 혁명 그 자체였다.

RSA란 리베스트(Rivest), 샤미르(Shamir), 에이들맨(Adleman)이라는 세 명의 이름에서 머리글자를 따서 만든 명칭이다. 디피에, 헬만, 머클의 작업에서 영감을 얻은 리베스트는 MIT의 동료 교수인 에이들맨과 인도에서 온 샤미르를 설득해서 '공개 키'와 '개인 키'라는 환상적인 개념을 실제 세상에 존재하는 알고리즘으로 구현하기 위한 미지의 여행 속으로 끌어들였다. 그리하여 그들은 매일 밤 MIT의 연구실에서, 리베스트의 아파트에서, 버몬트의 스키장에서 자신들의 알고리즘에 대한 여러 가지 단상을 그렸다 지웠다 하면서 끝없는 토론을 벌였다.

: 리베스트, 샤미르, 에이들맨(theory.lcs.mit.edu)

그들의 작업은 이런 식이었다. 리베스트와 샤미르가 심혈을 기울여서 정밀한 알고리즘을 만들어 내면 그다음 차례는 에이들맨이었다. 수학적 직관이 탁월한 에이들맨은 벗들이 개발한 알고리즘의 구석구석을 사정없이 찔러서 숨어 있는 허점이 드러나도록 했다. 허점이 드러난 알고리즘은 가슴이 아프지만 곧바로 폐기 처분되는 운명에 처했다. 말하자면 리베스트와 샤미르가 성실한 개발자였다면 에이들맨은 뛰어난 테스터였던 셈이다.

그들은 무려 40개가 넘는 알고리즘을 만들었다가 폐기했다. 그들이 고민했던 문제 자체는 간단했다. 공개 키로 문서를 암호화하면 오로지 개인 키가 있어야만 해독할 수 있도록 하는 알고리즘을 만드는 것이었다. 자신들보다 앞선 혁명의 이론가였던 디피에와 헬만이 정립한 이론의 요체는 바로 그것이었다. 리베스트의 눈에 그 알고리즘은 곧 모습을 드러낼 것 같았지만, 완전한 알고리즘은 좀처럼 모습을 드러내지 않고 있었다.

미지의 세계를 탐험하는 시간이 지나치게 길어지면 탐험가들의 마음속에는 회의가 찾아오기 마련이다. 선배들의 이론을 구현하기 위한 알고리즘을 찾아 나선 길이 너무 길어지자 젊은 MIT 학자들에게도 회의가 찾아왔다. 그들은 디피에와 헬만이 주장한 공개 키, 개인 키 개념이 실제로는 구현할 수 없는 것이 아닌가?하는 절망에 가까운 회의에 잠기기까지 했다.

하지만 그들은 끝내 포기하지 않았다. 밤이나 낮이나 '알고리즘'을 꿈꾸며 새로운 논리를 설계하던 리베스트의 머릿속에 마침내 한 줄기 섬광이 스치고 지나간 것은 그 무렵이었다. 어느 깊은 밤에 자신의 소파에 누워서 (잠을 잔 것이 아니라) 눈을 감고 깊은 생각에 잠겨 있던 리베스트에게 어떤 '알고리즘'이 잠깐 모습을 드러냈다. 자리를 박차고 일어난 그는 자신의 영감을 간단한 수학 공식으로 정리해서 동지들에게 보여주었다. 지금까지 수많은 '알고리즘'을 폐기 처분했던 에이들맨은 그 공식을 한참 들여다본 끝에 마침내 고개를 끄덕임으로써 혁명이 도래했음을 선포했다.

아무것도 없는 백지상태에서 새로운 알고리즘을 찾는 일은 그렇게 어렵고 힘들었음에도 불구하고, 일단 알고리즘이 세상에 모습을 드러내자 그것은 누구나 쉽게 이해할 수 있는 간단하고 명쾌한 공식이 되었다. RSA 알고리즘을 이해하기 위해서는 소수(prime number)가 가지고 있는 기본적인 성질과 나눗셈을 통해서 나머지를 구하는 연산(혹은 mod)만 알면 충분했다. 누구나 쉽게 이해할 수 있었기 때문에 RSA 알고리즘은 참으로 아름다운 알고리즘이었다. 그렇지만 그것은 묵직한 내공을 담고 있었기 때문에 결코 가벼운 내용이 아니었다. 언제나 그렇듯이 '내공'이 있는 사람의 작품은 쉽고 간단했다.

네 번째.

RSA 알고리즘

암호화 세계에 혁명을 몰고 온 RSA 알고리즘은 다음과 같은 수학적인 기호와 개념으로 설명된다. 이 설명을 이해하기 위해서 복잡한 수학적 내용을 이해할 필요는 없으므로 긴장하지 말기를 바란다.

❶ p와 q가 소수라고 했을 때 n=pq를 계산한다. (쉽다)

❷ 이제 p와 q에서 각각 1을 빼서 곱한다. 그것을 ϕ(파이)라고 부른다.

(ϕ = (p-1)(q-1)) (쉽다)

❸ 다음 조건을 만족하는 e를 찾는다. (조금 어렵다)

$1 < e < \phi$, gcd (e, ϕ) = 1

❹ 다음 조건을 만족하는 d를 찾는다. (제일 어렵다)

$1 < d < \phi$, ed $\equiv$ 1 (mod ϕ)

❺ (n, e)는 공개 키고, (n, d)는 개인 키다. p, q, ϕ와 같은 값은 공개되지 않도록 한다.

리베스트, 샤미르, 에이들맨이 수많은 날을 하얗게 지새우면서 함께 토론하고, 고민하고, 제안하고, 반박하고, 칠판에 그림을 그렸다 지웠다 하는 일을 수도 없이 반복한 끝에 내놓은 알고리즘의 모습은 이렇게 허탈할 정도로 간단했다. 사실 그들은 RSA 알고리즘이 세상에 몰고 오게 될 혁명의 의미를 정확하게 알진 못했다. 그들은 다만 프로메테우스가 인류에게 불을 선물해 주었듯이 디피에와 헬만이 정의한 천상의 '공개 키'를 지상으로 끌어내려야 한다는 '사명'을 위해서 영혼을 불태웠을 뿐이었다.

잠깐 쉬어 가기

RSA 알고리즘을 자세하게 살펴보는 것은 지루한 과정이므로 그 전에 잠시 기분을 전환하는 의미에서 간단한 문제를 풀어 보도록 한다. RSA 알고리즘에 대해서 자세하게 알고 싶지 않은 사람이나 수학적 내용은 도저히 지루해서 견딜 수 없는 사람은 이 문제만 풀고 넘어가도 좋을 것이다(단, 여기에서 RSA 알고리즘을 자세하게 살펴보는 이유는 뒤에 나오는 세 줄짜리 펄(Perl) 프로그램을 읽을 때 도움이 되기 때문이다).

간단한 프로그래밍 문제부터 하나 풀어 보자. 단일 연결 리스트 (single linked list)를 가리키는 포인터가 'head'라는 이름으로 주어졌다. 그리고 이 리스트 안에 존재하는 임의의 노드를 가리키는 포인터 'node' 가 주어졌다. 이 노드를 리스트에서 삭제하는 알고리즘을 작성해보기 바란다. 제한 시간 3분.

기분을 전환하는 것이 목적이므로 다음은 IT 회사의 인터뷰에서 실제로 나왔던 비프로그래밍(non-programming) 문제를 하나 풀어 보자.

가벼운 문제긴 하지만 이 문제를 스스로 풀 수 있는 사람은 대단한 순발력을 (혹은 끈기를) 가진 사람이다.

텅 빈 방에 컵이 있다. 컵은 곧은 원통 모양으로 아랫부분과 윗부분의 지름이 같다. 컵에는 물이 절반 정도 채워져 있다. 이 물이 절반을 넘는지 아니면 절반이 되지 않는지를 가늠할 수 있는 방법을 찾아보기 바란다. 방이 텅 비어 있으므로 사용할 수 있는 기구나 도구는 아무것도 없다. 제한 시간 10분. (막막하긴 하지만 포기하지 말고 끝까지 생각해 보기 바란다. 답 자체는 매우 간단하지만 이 문제를 풀 수 있는 사람은 생각보다 많지 않다. 방이나 물의 온도 혹은 화학반응 등을 이용하는 것처럼 '억지스러운' 방법은 생각하지 않기 바란다. 물을 마시는 것도 곤란하다)

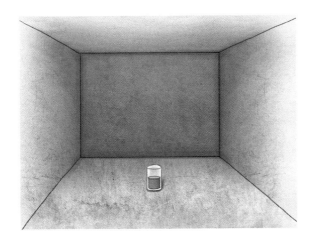

가볍게 기분을 전환하기 위한 문제였으므로 바로 답을 보자. 우선 1번 문제에서 언급한 단일 연결 리스트는 잘 알고 있다시피 다음과 같은 모습을 하고 있는 데이터 구조다.

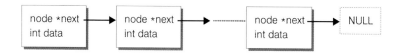

그림에서 상자는 하나의 노드(node)를 나타낸다. 각 노드는 내부에 자기의 바로 뒤에 있는 노드를 가리키는 포인터(pointer) 한 개와 정수형 데이터를 담고 있다. 데이터의 형(type)은 필요에 따라 문자열 혹은 구조체와 같은 다른 형태의 데이터가 될 수도 있다.

맨 왼쪽에 있는 노드는 보통 헤드(head)라고 하는 리스트의 출발점이다. 반면 맨 오른쪽에 있는 노드는 테일(tail)이라는 리스트의 끝을 의미한다. 테일은 뒤에 따르는 노드가 없기 때문에 안에 있는 포인터 *next가 NULL을 가리키고 있다.

이와 같은 단일 연결 리스트는 데이터 구조(data structure)라는 '무공'을 수련할 때 제일 먼저 배우는 '기마 자세'에 해당한다. 크게 어려울 것은 없지만, 나름대로 묘미가 있어서 간단한 퀴즈를 만들 때 적합하다. 길에서 만난 무인(武人)이 어깨만 부딪혀 보아도 서로의 실력을 가늠할 수 있듯이, 프로그래머들은 리스트와 관련된 간단한 초식만으로도 서로의 실력을 파악할 수 있다.

유학을 와서 첫 학기가 시작하기 전에 (영어 공부도 할 겸해서) 여름 수업으로 진행되는 데이터 구조 수업에 들어간 적이 있었다. 강사는 필자와 나이가 비슷해 보이는 인도 출신의 조교였는데, 어린 학생들 앞에서 리스트를 '쉽게' 설명하기 위해서 애를 쓰고 있었다. 필자라면 그냥 칠판에 그림을 그려 가면서 설명했을 것을 그는 코흘리개 아이들이 가지고 노는 장난감인 '레고(Lego)'를 들고 와서 설명을 하려고 했다.

리스트를 '쉽게' 설명하겠다는 의욕이 너무 앞선 것이 아닌가 하는 걱정이 들었는데, 아니나 다를까 양손에 레고를 들고 쩔쩔매는 그의 모습은 마치 저글링(juggling)하는 삐에로의 모습을 보는 듯 안쓰러웠다. 의욕은 좋았지만 단일 연결 리스트 정도로 쉬운 데이터 구조라면 굳이 '레고'까지 동원할 필요는 없었을 것이다. '비유'라는 것이 잘 쓰면 약이 되지만 잘못 쓰면 분위기를 망치기 때문이다.

프로그래밍을 공부하는 사람 중에서 단일 연결 리스트의 개념을 이해하지 못하는 사람은 (설마) 없을 것이다. 우리의 일상생활에서 찾아보자면 흔히 '비상 연락망'이라고 불리는 연락 시스템이 단일 리스트와 비슷하다. 반장은 철수에게 연락하고, 철수는 영희에게 연락하고, 영희는 민재에게 연락하는 식의 '연결된 시스템'은 단일 연결 리스트와 닮았다. 대개 사람들은 자기가 연락을 해야 하는 사람의 이름만 기억하고, 자기한테 연락할 사람은 기억하지 않는다는 점에서 보면 더욱 그렇다.

그림에서 보다시피 각 노드는 자기 '뒤'에 존재하는 노드를 가리키는 포인터를 가지고 있지만, 자기 '앞'에 존재하는 노드에 대한 정보는 갖지 않는다. 다시 말해서 이것은 리스트 구조를 검색할 때 앞에서 뒤로(즉 헤드에서 테일의 방향으로) 움직이는 것은 가능하지만, 그 반대의 방향으로 움직이는 것은 어렵다는 사실을 의미한다.

노드와 노드 사이를 앞과 뒤로 자유롭게 움직일 수 있게 하기 위해서는 각 노드가 앞에 존재하는 노드를 가리키는 포인터를 추가로 가지고 있어야 한다. 노드가 이렇게 앞과 뒤의 노드를 가리키기 위한 포인터를 모두 가지고 있는 리스트는 '이중 연결 리스트(double linked list)'라고 하여 단일 연결 리스트와 구별된다.

단일 연결 리스트에서 노드를 제거하는 것은 어렵지 않다. 예를 들어, '철수–영희–민재'로 이루어진 리스트에서 '영희'라는 노드를 없애면 남은 리스트는 '철수–민재'가 된다. 다시 말해 철수가 '영희' 대신 '민재'에게 연락하면 '영희'는 리스트에서 자연스럽게 빠지는 것이다.

head라는 포인터가 가리키는 리스트에서 임의의 노드 node를 삭제하는 알고리즘은 다음과 같다(즉 리스트의 첫 번째 노드가 head다).

```
void deleteNode (Node *node)
{
    if (node == head)
    {
        // head의 다음에 있는 (두 번째) 노드가 첫 번째 노드가 된다.
        head = head->next;
    }
    else
    {
        Node *temp = head;

        while (temp->next != node)
```

```
    {
        // node를 찾을 때까지 리스트를 한 칸씩 이동한다.
        // 이 while 루프를 벗어나는 시점은
        // temp->next가 node와 같을 때이므로 temp가
        // node의 바로 앞에 있는 노드가 될 때다.
        temp = temp->next;
    }

        // 철수(temp)가 영희(temp->next, 즉 node) 대신
        // 민재(node->next)에게 연락한다.
        temp->next = node->next;
    }

    // 쓸모 없어진 node를 메모리에서 제거한다.
    delete node;
}
```

이 정도 알고리즘이라면 별로 어렵지 않았을 것이다. 이 시점에서 앞에서 등장했던 '배 나온 서덜랜드'씨의 흉내를 내서 연습 문제를 하나만 더 내보자면, 이 알고리즘에서 메모리 공간에 대해서 신경 쓰지 말고 오로지 알고리즘의 실행 속도를 향상시키는 것을 최우선으로 해서 알고리즘을 다시 작성해 보기 바란다. 시간을 최대한 줄이는 것이 목적이며, 삭제된 노드가 차지하고 있는 메모리 공간은 염려하지 않아도 된다.

여러 가지 방법이 있겠지만, 그중 하나는 다음과 같다.

```
void deleteNode (Node *node)
{
    node->data = node->next->data;
    node->next = node->next->next;
}
```

간단함 그 자체다. 앞의 알고리즘이 주어진 node를 리스트에서 제거하고 있음을 확인해 보기 바란다. 그렇지만 이 알고리즘이 실제로 삭제하는 (즉 비상 연락망에서 제외시키는) 것은 'node'가 아니라 그다음에 있는 'node->next'라는 점에 유의해야 한다. 또한 여기에서는 비상 연락망에서 제외된 노드를 군이 삭제할 필요가 없으므로 함수에 입력된 노드 'node'의 바로 앞에 존재하는 노드를 찾기 위해서 while 루프를 돌릴 필요가 없다.

그러나 이런 알고리즘을 실전 프로그래밍에서 사용할 수는 없다. 삭제된 노드가 차지하고 있던 메모리 공간을 'delete'같은 함수를 통해서 명시적으로 반환(release)하지 않기 때문에 장기적으로는 심각한 메모리 누수(leak) 현상을 야기하기 때문이다.

경험이 있는 프로그래머라면 메모리 누수가 얼마나 치명적인 버그인지 잘 알고 있을 것이다. 프로그래머에게 있어서 소프트웨어 안에 메모리가 줄줄 새는 '누수(leak)'를 남겨 놓는 일이란 프로 야구 선수에게 있어서 높이 뜬공을 잡으려다가 공이 코에 맞아서 코피가 줄줄 새는 것 이상으로 민망한 일이다.

메모리 누수는 C나 C++처럼 프로그래머가 메모리를 직접 할당하고 반환하는 경우뿐만 아니라 자바(Java) 언어처럼 가비지 컬렉터(Garbage collector)가 메모리를 대신 관리해 주는 경우에도 똑같이 발생할 수 있다 (그런데 자바 프로그래머 중에서는 이 점을 오해하는 사람이 의외로 많다).

회사에서 진행하고 있는 프로젝트에서 '수다'라는 이름의 인도 프로그래머가 작성한 자바 코드가 있었다(실제로 '수다' 실력이 엄청난 아줌마다). 그녀가 작성한 프로그램은 간단한 애플릿(Applet)이었는데, 이 애플릿을 포함하고 있는 웹 페이지를 열면 OutOfMemoryError가 종종 발생했다. 자바 플러그인(Plugin)의 실행 환경(runtime parameter)에서 자바 힙(heap)의 용량을 256MB까지 지정해 주었는데도 OutOf Memory Error가 계속 발생했다.

필자의 프로젝트에서는 메모리나 CPU 같은 시스템 자원의 사용 추이를 점검하기 위해서 볼랜드(Borland) 사의 '옵티마이즈잇(OptimizeIt)'이라는 도구를 이용했다. 시간 'T1'에서의 프로파일(profile)을 저장하고, 소프트웨어를 한참 돌린 이후에 시간 'T2'에서의 프로파일을 저장하면 두 프로파일을 비교해서 메모리의 누수 여부를 자동으로 알려주는 편리한 기능이 있기 때문에 매우 유용하다.

수다의 코드 안에 존재했던 문제는 페이지가 열릴 때마다 'static'으로 선언된 어느 데이터 구조 안에 '엄청난' 양의 데이터를 집어넣고, 어느 곳에서도 그 데이터를 다시 꺼내거나 삭제하지 않았다는 데 있었다. 그 데이터 구조는 static이기 때문에 해당 페이지가 열릴 때마다 새롭게 초기화되는 것이 아니라 이미 존재하는 데이터 뒤에 새로운 데이터를 계속 더해 나갔다. 말하자면 '밑 빠진 독에 물 붓기'가 아니라 튼튼한 항아리 속에 넘칠 때까지 물을 부은 격이었다.

이것은 단순한 실수라기보다는 자기가 사용하는 프로그래밍 언어에 대한 부족한 이해가 낳은 치명적인 버그에 해당한다. 자바 언어 자체에 대한 기본적인 이해가 있었더라면 이와 같은 실수를 범하지는 않았을 것이다. 실전 프로그래밍에서 알고리즘을 작성할 때는 자기가 작성한 알고리즘이 주어진 업무를 정확하게 수행하는 것을 확인하는 것만으로 그쳐서는 곤란하다. 그것은 잘해 봐야 B−나 B 정도에 그치는 태도일 뿐이다.

진짜 실력이 있는 프로그래머는 자신이 작성한 알고리즘 속에 혹시 메모리 누수는 없는지, 방어적으로 튼튼하게 프로그래밍했는지, 속도는 최적화되었는지 여부를 끊임없이 고민한다. 그리고 남들이 읽기에 편하도록 코드가 정리되어 있는지, 주석(comment)은 충분한지까지 꼼꼼하게 따지면 비로소 A+를 받을 수 있는 자격이 생긴다.

이제 두 번째 문제의 답을 밝힐 차례가 되었다. 쉽게 푼 사람도 있었겠지만 아마 스스로 풀지 못한 사람도 많았을 것이다. 이 문제의 답은 말로 설명하는 대신 그림으로 나타나는 것이 더 좋다. 그림을 보고도 답이 이해되지 않는 사람은 그냥 컵에 들어 있는 물을 마시면서 자신에 대해서 조용히 생각해 보는 시간을 가져 보는 것도 괜찮을 것이다(벽을 보면서 생각하면 더 좋다).

비록 문제를 스스로 풀지 못했다 해도 그림을 보고 무릎을 '탁' 칠 수 있었다면 감각이 있는 사람이다. 굳이 설명하자면 물의 표면에서 끝 부분을 컵의 입구 쪽 끝에 맞추고 그 반대편 끝의 위치를 확인하면 물이 반 이상인지 아니면 이하인지 쉽게 확인할 수 있다. 알고리즘을 만들어 내는 일이 대개 이와 비슷하다. 길이 보이지 않아서 답답한 심정이 들 때는 도대체 풀 수 있는 문제인지조차 의심스럽지만 일단 돌파구가 열리고 나면 이렇게 쉽고 간단한 경우가 많다.

여섯 번째.

RSA 알고리즘 - 계속

이제 RSA 알고리즘이 동작하는 원리를 구체적으로 이해하기 위한 예를 살펴보자. 2002년 6월에 우리 모두가 경험했던 축제의 기억은 너무나 강렬해서 아직도 생생하게 떠오른다. 축제의 주역이었던 히딩크 감독이 얼마 전에 남북한 단일팀이 구성되면 2006년 월드컵의 사령탑을 맡을 용의가 있다고 밝힌 것은 많은 의미가 함축되어 있는 발언이었다. 그렇게 뜨거웠던 축제가 단순히 축구에 머무르지 않고 남북한 통일에 기여할 수 있다면 그 뜨거움은 몇 배 더 할 것이다.

그건 그렇고, 여기에서는 RSA 알고리즘을 이해하기 위해서 히딩크 감독과 코엘류 감독이 2006년 월드컵과 관련된 비밀 작전 문서를 교환할 필요가 있다고 '가정'한다. 코엘류는 RSA 알고리즘을 이용해서 공개 키 (n, e)와 개인 키 (n, d)의 쌍(pair)을 만든 다음 그 중 공개 키인 (n, e)를 네덜란드에 있는 히딩크에게 보냈다. 이 키를 누가 중간에 훔쳐 가든 주워 가든 상관은 없다. 이 키는 문서를 암호화하는 데만 사용할 수 있으므로 키를 누가 가지고 있더라도 문제 될 것은 없다.

히딩크 감독은 2006년 월드컵에서 한국이 다시 한 번 신화를 창조할 수 있도록 하는 '비책'을 문서에 담았다. 그다음 코엘류 감독이 보내 준 공개 키 (n, e)를 이용해서 문서를 암호화한 다음 한국에 있는 코엘류 감독에게 보냈다. 이렇게 암호화된 작전 문서를 다른 나라의 축구 스파이들이 훔쳐간다고 해도 상관없다. 공개 키 (n, e)로 암호화한 문서를 읽을 수 있는 사람은 개인 키 (n, d)를 가지고 있는 코엘류 자신뿐이기 때문이다(그 스파이가 엄청난 성능의 컴퓨터를 가지고 있다면 이야기는 조금 달라진다).

이제 히딩크 감독과 코엘류 감독이 문서를 주고받으면서 일어났던 일들을 좀 더 자세하게 살펴보자.

코엘류는 RSA 알고리즘에 따라서 p=11, q=3이라고 정했다(11과 3은 RSA 알고리즘을 사용할 수 있는 가장 작은 값이다). 이때 n의 값을 계산하면 n=11×3=33이 된다. 그리고 파이의 값은 ϕ=(p-1)(q-1)=(11-1)(3-1)=10×2=20이다.

이제 1<e<20이라는 조건과 gcd (e, 20)=1이라는 조건을 동시에 만족하는 e의 값을 하나 정해야 한다. gcd 함수는 입력된 두 수 사이의 최대공약수를 구하는 함수로 앞에서 보았던 유클리드 알고리즘을 사용한다. gcd (e, 20)의 결과가 1이라는 것은 두 수 사이에 1보다 큰 최대공약수가 없다는 사실을 의미한다. 예를 들어, 9와 7이라는 두 수 사이에는 1보다 큰 최대공약수가 없다. 수학에서는 이와 같은 조건을 만족시키는 수를 서로 '상대적으로 소수(relatively prime)'라고 말한다. 프로그래밍의 관점에서 말하자면 gcd 함수에 두 수를 인자로 전달했을 때 1이 리턴되면 두 수는 상대적으로 소수가 된다.

e를 찾는 방법을 간단하게 설명하자면 일단 1<e<20을 만족하는 수중에서 간단한 소수를 하나 선택한 다음, gcd (e, (p-1))=1과 gcd (e, (q-1))=1이라는 조건을 동시에 만족시키는 e를 찾는 것이다.

ϕ가 (p-1)(q-1)과 같으므로 gcd (e, ϕ)는 gcd (e, (p-1)(q-1))과 동일하다. 그런데 e와 (p-1) 사이에 존재하는 최대공약수가 1이고, e와 (q-1) 사이에 존재하는 최대공약수도 1이라면 e와 ϕ 사이에 존재하는 최대공약수도 1이 될 수밖에 없다. 예를 들어, 4와 7의 최대공약수가 1이고, 4와 9의 최대공약수도 1일 때, 4와 63 사이에 존재하는 최대공약수는 1이 될 수밖에 없는 것이다(이 사실을 수학적으로 증명해 보는 것은 연습문제로 남겨 둔다).

이제 1<e<20을 만족시키는 수 중에서 간단한 소수인 3을 선택해보자. 그러면 gcd (3, (p-1)), 즉 gcd (3, 10)와 gcd (3, (q-1)), 즉 gcd (3, 2)이 모두 1을 리턴하는지 확인해야 한다. 다행히도 두 경우 모두 1을 리턴한다. 다시 말해 3과 10은 서로 상대적으로 소수고, 3과 2도 상대적으로 소수다. 따라서 e=3이라는 값은 gcd (3, ϕ), 즉 gcd (3, 20)=1이라는 조

건을 만족시킨다. e는 1〈e〈20과 gcd (3, 20)=1이라는 조건을 모두 만족시키므로 e=3이라고 말해도 좋다(조건을 만족시키는 e를 찾은 것이다).

끝으로 1〈d〈ϕ, 즉 1〈d〈20을 만족시키면서 동시에 ed≡1 (mod ϕ)라는 조건을 만족시키는 d의 값을 찾아야 한다. 수학에 취미가 없는 사람은 ed≡1 (mod ϕ)라는 수식을 봄과 동시에 '참을 수 없는 졸림'을 느꼈을지도 모른다. 하지만 이것은 앞의 둠스데이 알고리즘에서 보았던 '7을 중심으로 순환하는 것'과 다를 바가 없는 개념이다.

프로그래머의 입장에서 보면 수학에서 사용하는 기호(symbol)들은 정교한 파일 압축 프로그램이나 매크로(macro)와 비슷하다. 복잡한 내용을 짧고 간결하게 표현해 준다는 점에서 서로 닮았기 때문이다. 사실 mod 함수는 폭넓게 사용되는 함수기 때문에 모르는 사람이 더 이상하다. 짧고 간결하게 압축되어 있는 위 수식의 내용을 쉽게 풀어쓰면 다음과 같은 내용이 된다.

"ed라는 수를 ϕ로 나누었을 때 나머지가 1이 된다."

즉 뒤에 있는 (mod ϕ)란 ed를 ϕ로 나눈다는 의미고, '≡1'이란 그 나머지가 1이라는 의미다. 이러한 모듈러스(modulus)에 대해서 모르는 사람은 별로 없겠지만 혹시 몰랐다면 지금이라도 그 의미를 정확하게 기억해 두기 바란다(보통 C나 자바와 같은 프로그래밍 언어에서 모듈러스를 위한 연산자는 보통 '%' 기호로 표시된다. 한편 나머지가 아닌 몫을 구하는 연산자는 보통의 나눗셈을 의미하는 '/' 기호로 표시된다. 두 연산자의 실행 결과는 물론 다르다). ed를 ϕ로 나누었을 때 나머지가 1이라는 표현은 다음과 같은 좀 더 '쉬운' 수식으로 표현할 수도 있다.

```
(ed - 1) % φ = 0
```

그런데 e가 3이고 φ가 20이므로 다음과 같은 의미를 갖는다.

```
(3d - 1) % 20 = 0
```

이제 d에 2, 3, 4, 5, 6, 7, 8... 등의 수를 하나씩 입력해 보면서 결과를 확인해 보자. d가 7이 되면 결과가 0이 된다는 사실을 쉽게 알 수 있을 것이다. 따라서 우리가 찾는 d 값은 7이다.

필요한 수를 모두 찾았으므로 공개 키는 (n, e), 즉 (33, 3)이고 개인 키는 (n, d), 즉 (33, 7)이 되었다. 코엘류 감독은 네덜란드에 있는 히딩크 감독에게 공개 키 (33, 3)을 보내서 비밀 작전을 담은 문서를 암호화해서 보내 줄 것을 부탁했다.

2002 월드컵에서 한국의 4강 신화를 목격했던 세계의 언론은 과연 히딩크 감독과 코엘류 감독 사이에 전달되는 문서의 내용이 무엇인지에 대해서 관심이 많았다. 그러다 마침내 유럽의 한 일간지가 히딩크 감독이 보내는 문서의 내용은 2006년 월드컵 남북 단일 국가 대표팀의 최전방 공격수를 맡게 될 선수의 등 번호라고 보도하여 특종을 터뜨렸다. 그리고 아직 암호가 풀리지 않은 문서의 내용(즉 히딩크가 암호화한 다음에 코엘류에 보낸 문서의 내용)은 '13'이라는 해설까지 덧붙였다.

사람들은 히딩크 감독이 등 번호를 암호화하기 위해서 (33, 3)이라는 공개 키를 사용했다는 사실을 알았지만, 코엘류 감독이 주머니 속에 꼭꼭 감추고 있는 개인 키의 값을 알지 못했기 때문에 과연 누가 최전방 공격수를 맡게 될 것인가에 대해서 알 수가 없었다. RSA 알고리즘의 정의에 따르면 원래 문서의 값이 m이라고 했을 때 공개 키 (n, e)를 이용해서 암호화한 문서 c의 값은 다음과 같다.

$$c = m^e \bmod n$$

그리고 암호화된 문서 c를 개인 키 (n, d)를 이용해서 푸는 방법은 다음과 같다.

$$m = c^d \bmod n$$

사람들은 코엘류 감독이 공개한 공개 키 (n, e)와 히딩크 감독이 한국으로 보낸 암호화된 문서의 내용인 '13'을 알고 있으므로 c, n, e라는 세 개의 값을 알고 있는 셈이다. 그렇다면 원래 문서의 값인 m을 알기 위해서 필요한 c, d, n이라는 세 개의 수 중 적어도 두 개는 확실하게 알고 있는 것이다. 그러나 'd'의 값이 공개되지 않았기 때문에 사람들은 c로부터 m을 계산할 수 없다.

d의 값을 알고 있는 코엘류 감독만이 다음과 같은 식을 통해서 m값을 밝혀낼 수 있다.

$$m = 13^7 \bmod 33$$

이를 (계산기를 이용해서) 계산해보면 다음과 같은 결과를 얻게 된다.

$$m = 13^7 \bmod 33 = 62{,}748{,}517 \bmod 33 = 7$$

코엘류 감독은 깜짝 놀랐다. 등번호가 7번이라면 바로 2002 월드컵에서 부서진 코뼈를 마스크로 떠받치면서 불굴의 투혼을 발휘했던 수비수 김태영이기 때문이었다. 암호를 푸는 과정이 잘못되었나 싶어서 몇 번 더 계산을 해보았지만, 히딩크 감독이 보낸 문서에 적혀 있는 값은 '7'이었다. 김태영이 아무리 투지가 좋고 성실하다고 해도, 그의 위치가 최전방 공격수는 아니며 더구나 그의 나이를 고려해 본다면 아무래도 뭔가 잘못된 것 같았다(훗날 히딩크 감독은 자신은 코엘류 감독에게 행운을 빌기 위해서 숫자 '7'을 보냈을 뿐이라고 해명했다는 '믿거나 말거나' 뉴스가 있었다고 한다).

: 타이거 마스크의 투혼, 김태영(www.stoo.com)

일곱 번째.

세 줄짜리 펄 프로그램

```
#!/bin/perl-sp0777i<X+d*lMLa^*lN%0]dsXx++lMlN/dsM0<j]dsj
$/=unpack('H*',$_);$_=`echo 16dio\U$k"SK$/SM$n\EsN0p[lN*1
lK[d2%Sa2/d0$^Ixp"¦dc`;s/\W//g;$_=pack('H*',/((..)*)$/)
```

위에 적힌 한편의 '시(詩)'를 천천히 음미해 보기 바란다. 늦은 밤이라면 따뜻한 대추차를 끓인 다음 통통한 잣을 몇 개 넣고 마시면서 감상하는 것도 괜찮을 것이다. 무의미하게만 보이는 글자의 오밀조밀한 나열이 구현하고 있는 알고리즘은 놀랍게도 바로 앞에서 보았던 RSA 알고리즘을 이용한 암호화(encryption)와 해독(decryption) 과정이다.

이 정도 알고리즘이라면 래리 월(Larry Wall)의 펄 책을 10번 이상 읽은 사람이라도 하나의 의미 있는 '프로그램'이라기보다는 그저 시나 낙서에 가깝게 보일 것이다. 그리고 그것은 '비유'가 아니라 사실이다. 이런 식으로 작성된 알고리즘을 '진짜 알고리즘'과 혼동하는 사람은 '묘기 당구'와 '시합 당구'의 차이를 혹은 '알까기'와 '프로 바둑'의 차이를 이해하지 못하는 사람과 다를 바 없다. '묘기 당구'나 '알까기'는 어디까지나 잠깐 쉬자는 차원이지 진짜가 아니다.

이 세 줄짜리 펄 프로그램을 보고서 유명한 'IOCCC(The International Obfuscated C Code Contest, 국제 엉망진창 C 프로그램 경연 대회)'를 떠올린 사람도 있었을 것이다. IOCCC의 웹사이트 (http://www.iocc. org)에는 한 해에 한 번 꼴로 열리는 이 재미있는 경연 대회의 목적을 다음과 같이 밝히고 있다.

- 프로그래밍 스타일의 중요성을 역설적으로 보여준다.
- 괴상한 코드를 동원해서 C 컴파일러를 괴롭힌다.
- C 언어의 미묘한 부분을 드러낸다.
- 엉터리로 작성된 C 코드에게 안전한 포럼(forum)을 제공한다.

IOCCC의 웹사이트에 방문하면 주옥같은 역대 당선작들의 코드를 감상할 수 있다. 당선작들이 제공하는 (일부러 엉망진창으로 작성되어) 도무지 알아보기 힘든 코드를 읽어보는 것도 재미있지만, 별로 길지도 않은 알고리즘이 구현하고 있는 내용의 다양함과 심오함은 더욱 놀랍다. 짧은 프로그램 속에 3D 그래픽스, 게임, 유닉스 도구, 네트워크 게임, 컴퓨터 시뮬레이터 등을 담아 놓은 프로그래머들의 실력은 경이롭기까지 하다(독자 여러분들도 IOCCC의 웹사이트를 꼭 한번 방문해보기 바란다. 관심이 있는 사람은 '경연 대회'에 직접 참여할 수도 있다).

앞의 코드는 C가 아니라 펄로 쓰여졌지만, 코드가 작성된 목적을 따져 보면 IOCCC 경연 대회에 출품된 작품들과 동일한 연장선에 있다. 필자는 이 세 줄짜리 펄 코드의 존재를 RSA 알고리즘에 대한 논문을 읽다가 처음 발견했다. 이 책에 포함시키면 재미있을 것 같아서 코드의 원작자를 찾아서 이메일을 보냈다. 해커들은 대개 길게 말하는 것을 좋아하지 않기 때문에 이메일의 내용은 최대한 짧게 했다.

✎—— "My name is Baekjun. Would you mind if I use your Perl code in my book?"
(나는 백준이라고 해. 내 책에 네 펄 코드를 집어넣어도 되니?)

그러자 원작자인 애덤 백(Adam Beck)은 금방 답장을 보내 왔다. 그가 보낸 온 이메일은 딱 네 글자로 이루어져 있었다.

✎—— "sure"
(물론)

이메일 이야기가 나온 김에 하나만 더 소개하자면, 앞에서 말한 바와 같이 필자가 일하고 있는 팀에는 Vinay라는 이름을 가지고 있는 인도 프로그래머가 두 명 있다. 사람들은 혼동을 피하기 위해서 농담처럼 'Vinay one' 그리고 'Vinay two'라고 불러서 둘을 구별하기도 하는데, 어느 날 회의 도중에 매니저가 구석에서 살짝 졸고 있는 피트(Pete)라는 친구의 이름을 실수로 Vinay라고 부르는 바람에 졸지에 그의 이름이 'Vinay three'가 되어 버렸다.

며칠 뒤에 'Vinay one'이 팀 전체에게 간단한 이메일을 보내 왔다.

✎—— Team
I will be in by 10:30 am today
(나 오늘은 10:30까지 출근할게.)
—Vinay

틈만 나면 그의 이름을 가지고 장난을 치던 필자는 '—Vinay'라는 부분에 주목했다. 그리하여 다음과 같은 내용을 적어서 팀 전체에 회신했다.

✎ ── Prove "─Vinay = Pete"
(─Vinay가 Pete라는 사실을 증명하시요.)

그리고 다음과 같은 '증명 과정'을 공개했다(참고로 Vinay 중에서 'Vinay one'은 성이 G로 시작하고 'Vinay two'는 K로 시작한다).

```
Vinay1 = Vinay G.
Vinay2 = Vinay K.
Vinay3 = Pete

proof)
--Vinay = --Vinay1
--Vinay1 = Vinay1 - 1
Vinay1 - 1 = Vinay0
Vinay0 = Vinay3 (mod 3)
Vinay3 = Pete
∴ --Vinay = Pete
```

그냥 웃자고 지어낸 내용이므로 이 증명을 심각하게 받아들이지는 말기 바란다. 이제 마르셀 프루스트의 소설이나 피카소의 그림처럼 난해한 이 세 줄짜리 알고리즘을 이해하기 위해서 간단한 준비 작업을 하자. 먼저 짚고 넘어갈 필요가 있는 것은 유닉스 시스템에서 사용하는 간단한 계산기 유틸리티인 dc(desktop calculator)다.

앞의 펄 코드는 애덤 백 혼자 작성한 것이 아니라 여러 명의 해커가 수시로 아이디어를 제공해서 공동으로 작업한 결과인데, 켄 피치니(Ken Pizzini)라는 프로그래머는 그런 해커 중 한 사람이다. 실전 프로그래밍에서 사용할 일은 별로 없어도 '스택(stack)'을 직접적으로 구현하고 있기 때문에 적지 않은 공부 거리를 제공해 주는 GNU의 dc 유틸리티는 바로 켄 피치니가 작성한 프로그램이다.

: 자유 소프트웨어 운동의 기수 GNU 로고(www.gnu.org)

dc는 보통의 계산기와 마찬가지로 숫자와 연산 기호를 입력받아서 계산을 수행한 다음 결과 값을 리턴한다. 특이한 것은 dc가 연산에 사용할 숫자와 기호를 받아들이는 방식이다. 다음과 같은 수식을 생각해보자.

3 + 4 × 5

이 계산을 수행한 결과가 23이라는 사실을 모르는 사람은 (설마) 없을 것이다. 그런데 괄호를 이용해서 앞의 두 수를 먼저 묶으면 연산의 결과는 달라진다.

(3 + 4) × 5

이 식을 계산한 결과는 35다. 앞의 경우와 달리 3과 4를 더하는 연산을 5를 곱하는 연산보다 먼저 계산했기 때문이다. 우리는 이러한 표기법과 기호들의 의미에 익숙하기 때문에 '3 + 4'처럼 두 개의 피연산자(operand)가 '+'와 같은 연산자(operator)의 양옆으로 오는 것을 자연스럽게 생각한다. 하지만 생각해 보면 꼭 그래야 한다는 법은 없다.

1920년대에 폴란드의 수학자 얀 루카지위츠(Jan Lukasiewicz)는 사람들이 자연스럽게 사용하고 있던 표기 방법에 의문을 던졌다. 그는 피연산자가 연산자의 양옆에 오는 (우리가 흔히 사용하는) 표기 방법은 연산자 사이의 우선순위를 조절하기 위해서 괄호처럼 성가신 기호를 도입해야 하기 때문에 부자연스럽다고 생각했다. 그래서 그는 연산자를 맨 앞에 적고 피연산자를 그 뒤에 놓는 이른바 '폴란드식 표기법(Polish Notation)'을 고안했다.

: 루카지위츠(www-gap.dcs.st-and.ac.uk)

폴란드 표기법의 요체는 아무리 복잡한 계산이라도 연산자 사이에 존재하는 '우선순위'가 혼동될 우려가 없다는 데 있었다. 바로 위에 있는 수식을 폴란드 표기법으로 적으면 다음과 같다.

× + 3 4 5

이 수식에서 가운데 있는 '+ 3 4'라는 연산은 + 뒤에 있는 두 수 3과 4를 서로 더하라(+)는 의미다. 이 더하기 연산을 수행한 결과는 7이 되므로 이제 앞의 수식에서 '+ 3 4'라는 부분은 더하기 연산을 수행한 결과인 7로 줄어든다. 그러면 전체적인 수식은 다음과 같이 간단하게 줄어들 것이다.

× 7 5 　　　(가운데 있던 '＋ 3 4 '가 ' 7 '로 대체되었다)

이 수식은 곱하기 연산자 뒤에 있는 두 수인 7과 5를 서로 곱하라(×)는 의미다. 그 결과는 물론 35가 된다. 컴퓨터를 학교에서 정식으로 배운 사람들은 중간고사나 기말고사에서 우리가 평소에 사용하는 수식을 폴란드 표기법으로 (혹은 그 반대로) 변환하는 문제를 풀어 본 기억이 있을 것이다.

한편 폴란드 표기법과 약간 다르게 피연산자가 앞에 오고 연산자가 맨 뒤에 오게 하는 표기법도 있다. 폴란드 표기법과 순서가 바뀌었다고 해서 이것을 '역폴란드 표기법(reversed Polish Notaion)'이라고 한다. 유닉스 계산기 유틸리티인 dc는 바로 역폴란드 표기법에 따라서 동작하므로 정확하게 이해해 둘 필요가 있다.

유닉스 시스템에 접근할 수 있는 독자들은 시스템에 접속해서 명령어 모드 상태에서 다음과 같이 'dc'라고 입력하고 리턴키를 눌러보자.

% dc

dc가 실행되는 동안에는 머릿속에 스택으로 표현되는 데이터 구조를 상상해야 한다. 숫자를 입력하고, 리턴키를 누를 때마다 스택의 맨 위로 방금 입력된 수가 저장되고, 더하기(＋)나 빼기(−) 같은 연산을 수행할 때마다 (연산자가 두 개의 피연산자를 필요로 한다면) 스택의 맨 위에 존재하는 두 개의 수를 꺼내어 연산을 수행한 다음 그 결과를 스택의 맨 위에 저장한다(따라서 연산이 끝난 다음에 스택의 크기는 1만큼 줄어든다). dc가 실제로 실행되는 과정을 예로 들어보면서 이러한 스택의 연산 과정을 정확하게 이해해보자.

```
%dc ⏎
4 ⏎
5 ⏎
f ⏎   ----> 스택의 현재 상태를 출력하라는 명령
5
4
```

우선 유닉스 명령어 모드에서 'dc'라는 명령어를 입력한 다음 리턴키를 누르면 dc 프로그램이 실행되면서 입력을 기다린다(대개 아무런 프롬프트도 없는 상태가 된다). 이 예에서는 스택 안에 4와 5를 차례로 입력한 다음 스택의 현재 상태를 보여주는 명령어인 'f'를 실행했다. 그 결과는 스택 안에 저장되어 있는 값들을 맨 위에 저장되어 있는 순서대로 모두 출력한 내용이다. 나중에 입력된 수가 스택의 위에 저장된다는 사실에 주목하기 바란다(흔히 스택을 설거지할 때 접시를 쌓는 모습으로 설명하는 경우가 많다. 나중에 들어온 접시가 맨 위에 놓이는 모습이 스택 안에 데이터가 저장되는 모습과 닮았기 때문이다).

3
2
1

예를 들어, 1, 2, 3을 순서대로 스택에 입력하면 이들이 스택에 저장되어 있는 모습은 다음과 같을 것이다.

이제 4와 5가 저장되어 있는 스택에서 두 수를 더하는 연산을 수행한

다음 스택의 모습을 출력해보자.

그 결과는 다음과 같다.

```
%dc  ⏎
4 ⏎
5 ⏎
f ⏎
5
4
+ ⏎        ----> 더하기 연산을 수행하라는 명령
f ⏎        ----> 스택의 현재 상태 출력
9
```

더하기 연산을 수행하면 dc 프로그램은 스택의 맨 위에 저장되어 있는 수(이 경우에는 4와 5)를 꺼낸 다음, 두 수에 대한 연산을 (이 경우에는 더하기) 수행하고 그 결과를 다시 스택에 저장한다. 따라서 '+'라는 간단한 명령어를 처리하기 위해서 dc 프로그램이 수행한 연산은 실제로 네 가지나 된다.

```
pop          -- 스택의 맨 위에 있는 값(여기에서는 5)을 꺼낸다.
pop          -- 스택의 맨 위에 있는 값(이제는 4)을 꺼낸다.
add 4, 5     -- 꺼낸 두 수를 서로 더한다.
push 9       -- 결과(9)를 스택에 저장한다.
```

여기서 pop은 스택의 맨 위에 저장되어 있는 값을 꺼내라는 명령이고, push는 주어진 수를 스택의 맨 위에 저장하라는 명령이다.

'스택'과 '큐'라는 말을 처음 들었을 때 필자는 데니스 리치(Dennis Ritchie)의 『C Programming Language』를 읽으면서 생전 처음으로 프로그래밍 언어를 (독학으로) 공부하고 있었다. 데이터 구조에 대해서 아는

바가 전혀 없었던 시절이라 '스택'과 '큐'라는 말이 무슨 엄청난 알고리즘이라도 되는 것처럼 들렸다. 훗날 데이터 구조를 체계적으로 공부하는 과정에서 '스택'과 '큐'는 교과서의 맨 앞에 등장하는 '기본 초식'이라는 사실을 알게 되었다.

그렇지만 스택이 구현하고 있는 LIFO(Last In First Out) 알고리즘의 중요성은 프로그래밍 경험이 쌓여 나갈수록 오히려 증폭되었다. LIFO 알고리즘은 간단하지만 의미가 풍부하고 절묘해서 실전 프로그래밍에서도 수시로 사용되는 기법 중 하나다. 많은 프로그래밍 언어가 내부적으로 스택을 사용하고 있으며, 컴퓨터의 하드웨어가 레지스터(register)가 아닌 스택을 이용해서 설계된 '스택 컴퓨터'마저 존재할 정도다('스택 컴퓨터'를 둘러싼 컴퓨터 학계의 논쟁은 한 권의 책으로도 모자랄 정도로 뜨겁다). 멀티 스레딩 프로그래밍을 할 때도 CORBA와 같은 분산형 네트워크 프로그래밍을 할 때도 스택의 구조와 동작 방식을 정확하게 이해하는 것은 매우 중요하다.

이러한 스택이 정성껏 세팅된 '무대'에 해당한다면 역폴란드 표기법은 그 무대에서 펼쳐지는 열정적인 '공연'의 스크립트(script)에 해당한다. 이렇게 역폴란드 표기법과 스택을 이용하는 '공연' 중에는 HP의 포켓 계산기, 포스트스크립트(PostScript), 포스(Fourth), 파스칼의 P-시스템, 스몰토크(Smalltalk) 그리고 자바의 바이트 코드 등이 유명한 '작품'이다.

앞에서 폴란드 표기법을 연습해 보았으므로 이제 역폴란드 표기법을 연습해보자. 다음 수식을 역폴란드 표기법으로 바꿔 보기 바란다. (제한 시간 6초)

    A + B - C

우선 'A + B'를 역폴란드 표기법으로 바꾸면 'A B +'다. 이 'A B +'에서 C를 빼야 하므로 최종적인 수식은 다음과 같이 작성된다.

```
A B + C -
```

이 장에서 우리는 재귀, 유클리드 알고리즘, RSA 알고리즘, 스택, 역폴란드 표기법 등을 공부했다. 그 정도면 세 줄짜리 펄 프로그램을 읽을 만한 준비가 어느 정도 끝난 셈이다.

해커들이 작성한 시(詩) 이해하기

이 절은 부록에 해당한다. 읽고 싶은 사람은 읽어도 좋지만, 읽지 않고 건너뛰어도 상관없다. 만약 읽고자 한다면 침대에 누워서 읽기보다는 편한 의자에 앉아서 (벤틀리의 질문을 염두에 두면서) 형광펜이라도 하나 손에 들고 읽는 것이 좋을 것이다.

이 설명은 애덤 백이 자신의 홈페이지(http://www.cypherspace.org/ ~adam/rsa/story2.html)에 올려놓은 것을 우리말로 옮긴 것이다. 저자의 의도를 손상시키지 않기 위해서 되도록 그의 표현을 그대로 직역했다. 혹시 번역에서 부드럽지 않은 부분이 있으면 애덤 백의 홈페이지를 방문해서 영문을 읽어보는 것이 도움이 될 것이다.

한 가지 미리 밝혀 두자면 이것은 난이도가 별 다섯 중에서 '다섯'에 해당하는 내용이다(아마 이 책에 소개된 알고리즘 중에서 제일 까다롭고 어려운 내용일 것이다). 유닉스 셸(shell)과 펄(Perl)은 물론 알고리즘 일반에 대한 수준 높은 실력을 갖추지 않은 사람에게는 설명문 자체가 '엉망진창'으로 보일지도 모른다. 따라서 이것은 한 줄씩 모두 이해해야 한다는 취지에서 옮겨 놓은 것이 결코 아니다.

필자도 최대한 정성껏 코드를 읽으면서 분석했지만, 세 줄짜리 펄 프로그램을 100% 이해하지는 못했다(한 90% 정도 이해했을까?). 그러나 코드와 설명문을 반복해서 읽으면서 새롭게 이해되는 부분이 생길 때마다 그 '절묘함'에 탄복이 나왔기 때문에 필자보다 실력도 뛰어나고 호기심도 왕성한 독자들에게 기회를 제공하기 위해서 길긴 하지만 전문을 옮겨 놓았다. 절대로 '스트레스'받지 말고 가볍게 읽기를 희망한다(이런 프로그램을 척 보고 이해할 수 있다면 자랑할 만하지만, 쉽게 이해하지 못한다고 해서 프로그래머로서의 능력이 의심받는 것은 아니다).

```
#!/bin/perl -sp0777i<X+d*lMLa^*lN%0]dsXx++lMlN/dsM0<j]dsj
#
# 사용법:
#
#     rsa -e -k=public-key -n=rsa-modulus < msg > msg.rsa
#     rsa -d -k=private-key -n=rsa-modulus < msg.rsa > msg.out
#
# 켄(Ken)은 얼마 전에 (약간의 바이트를 줄이기 위해서) 암호화를 의미하는 -e를
# 기본 동작(default behaviour)으로 만들어서 -e를 굳이 옵션으로 제공할
# 필요가 없도록 만들었다.
#
#     rsa -k=public-key -n=rsa-modulus < msg > msg.rsa
#     rsa -d -k=private-key -n=rsa-modulus < msg.rsa >
#     msg.out
#
# 그런데 이제는 -d와 -e가 둘 다 불필요하다! 암호화(encrypt)와 해독
# (decrypt)은 제이(Jay)의 블로킹 메서드(blocking method)를
# 사용하면 서로 다른 키를 사용하는 동일한 연산 과정에 불과하다.
# 따라서 사용법은 이제 이렇게 간단하게 변했다.
```

```
#
#    rsa -k=public-key -n=rsa-modulus 〈 msg 〉msg.rsa
#    rsa -k=private-key -n=rsa-modulus 〈 msg.rsa 〉msg.out
#
```
놀랍게도 두 버전 모두 예전 사용법을 그대로 지원한다! (그 이전의 버전들은
(@ARGV=($k,$n)를 생략하고, 그 대신 -x=exp라는 수법을 이용하는) 트라비스
쿤(Travis Kuhn)의 해킹을 사용하지 않았기 때문에 이전 버전을 지원하지
않았었다)
#
제이의 블로킹 메서드는 이전 버전의 사용법을 그대로 지원하긴 해도
암호화된 코드(entrypted code)는 지원하지 않으며, 암호화된 문서를
해독하는 데에도 사용될 수 없다.
#!/bin/perl-sp0777i〈X+d*lMLa^*lN%0]dsXx++lMlN/dsM0〈j]dsj
#
-s was contributed by Jeff Friedl a cool perl hacker
뛰어난 펄 해커인 제프 프리드(Jeff Frield)가 -s를 제안했다.
#
-k=key와 -n=modulus는 트라비스 쿤에 의해서 작성되었다.
(제프는 -d와 -e만 허용하기 위해서 -s를 제안했다(-d와 -e는 원래 그들이
사용되던 시절로부터 그냥 전수된 것이다. 지금은 그들이 중복되었기 때문에
사용되지 않는다)).
#
-i는 조이 헤스(Joey Hess)가 제안했는데, 이는 정말로 멋진 기법이다. 이
기법은 펄의 변수인 $^I의 값이 -i 다음에 오는 문자열로 설정되도록 하는
것이다. $^I는 dc 명령어의 일부로서 실제 코드의 아랫부분에서 사용되고
있다. 만약 설명문(--export-a-crypto-system-sig...)을 무시
한다면 이것은 오히려 코드를 더 길게 만들지만, 이는 코드가 #!/bin/perl
다음에 위치하도록 만들 뿐만 아니라 (지금은 코드로부터 분리되어 있는)
설명문의 의미를 훨씬 정확하게 만들기 때문에 대단히 소중한 기여라고
볼 수 있다(이는 다른 수정 사항인 -p와 -0777이 이제 중요한 과정을 암호화
하고 있다는 점을 고려해 볼 때 특히 더 중요한 의미를 갖는다).
#
-p와 -0777은 조이(Joey)의 -i가 더해지는 것과 거의 동시에 내가 직접
추가했다. -p는 프린트 명령을 저장하라는 것으로 제이의 새로운 블로킹

메서드가 이용하는 옵션 중 하나다. -0777은 under $/ 혹은
"행 처리 없음"을 보다 간결하게 말하는 방법이다.
즉 $/는 행을 구분하는 식별자(line separator)고, 777은 펄이 표준
입력 내용을 한번에 읽어 들이도록 만드는 정의되지 않은(undefined)
값에 해당한다. $_=<>과 같은 내용은 굳이 명시적으로 코딩될 필요가 없다.
(여기에서 < >은 유사 파일(pseudo file)인 ARGV를 의미하는 <ARGV>와
동일한 의미다. <ARGV>는 플래그(flag) 다음에 오는 파일을 의미하거나
만약 파일 이름이 주어지지 않았으면 표준 입력을 의미한다) 그 이유는 -p가
다음과 같은 내용을 자동으로 실행하기 때문이다.

$/=unpack('H*',$_);

우리가 -p 플래그와 -0777 플래그를 사용했음을 기억할 것이다.
이 두 개의 플래그가 함께 선언되면 이 시점에서 $_가 표준 입력 전체를
저장한다. 따라서 바로 위에 있는 명령문은 표준 입력을 16진수 값으로
전환한 다음, 그 값을 $/라는 변수에게 저장한다(메시지를 위해서).
$m과 같은 보통의 변수를 사용하지 않고, $/라는 펄 변수를 이용하는 것은
1바이트를 절약하기 위해서 제이가 제안한 절묘한 해킹이었다!(이렇게 $/를
다시 이용하는 것이 안전하다는 사실을 확인해 두기 바란다. 프로그램이 입력을
모두 처리했기 때문에 $/ 변수는 더 이상 필요하지 않다. 프로그램은 이미
표준 입력 전체를 읽어 들여서 $_라는 변수에게 저장을 해 두었기 때문이다)
이 해킹이 1바이트를 절약하는 이유는 $/ 바로 다음에 임의의
알파뉴메릭(alphanumeric, 알파벳 문자 혹은 숫자) 글자를 중간에 빈칸
없이 바로 쓸 수 있도록 만들기 때문이다. 이때 알파뉴메릭 글자는 $/ 변수를
나타내기 위한 변수 이름의 일부로 간주되지 않는다. 따라서 이는 다음과 같이
빈칸 하나를 절약한다.
#
...16dio\U$k"SK$m SM$n...
^
...16dio\U$k"SK$/SM$n...
#
만약 $mSM라고 적으면 펄이 mSM을 마치 ${mSM}과 같은 변수의 이름으로
간주하기 때문이다!

```
$_=`echo 16dio\U$k"SK$/SM$n\EsN0p[lN*1
    lK[d2%Sa2/d0$^Ixp"|dc`;
```

그 다음 문자열은 파이프(pipe)를 통해서 dc에게 입력되고 있다.
$^I 문자 열의 내용은 #!로 시작하는 줄에서 -i 다음에 오는 dc 명령어를
나타내는 문자열로 대체된다.
#
여기에서 $^I를 확장한다면 dc에게 전달되는 문자열은 전체적으로 다음과
같다.
#
16dio\U$k"SK$/SM$n\EsN0p[lN*1
lK[d2%Sa2/d0⟨X+d*lMLa^*lN%0]dsXx++lMlN/dsM0⟨j]dsjxp"
#
실제 일이 벌어지는 곳이 바로 여기다. 사실 이 프로그램을 순전히 펄 프로그램
이라고 부르는 것은 공정하지 못하다. 프로그램을 압축하다 보니 이제는 거의
대부분의 연산이 펄 코드보다는 dc에서 이루어지고 있기 때문이다.
이것은 dc가 그만큼 간결하다는 사실을 드러낸다.
#
앞의 표현은 ($^I가 확장되었다고 했을 때) 다음과 같이 사용되고 있다.
#
$_=`echo exp|dc`
#
이는 $_의 값이 일련의 dc 명령어를 담고 있는 문자열로 설정되게 만든다.
그런데 dc가 이런 문자를 입력받으려면 몇 단계의 확인 과정을 거쳐야 한다.
(펄 표현과 셸 확인이 바로 그것이다).
#
우선 펄은 펄 변수들을 그들이 담고 있는 값으로 대체한다.
그래서 (16진수로 된 확장된 메시지인) $/, (명령행에서 주어진 키값인) $k,
(명령행에서 주어진 rsa 모듈 이름인) $n 등이 값으로 대체된다.
그 다음에는 \U...\E가 16진수 숫자를 대문자로 변경한다(dc에서 소문자는
명령어를 의미하기 때문에 이런 과정이 꼭 필요하다) "들은 (내 생각으로는)
셸에게 전달되어, 행 바꿈과 ^ 그리고 두 개의 ⟨ 문자들이 셸에 의해서
앞 명령어의 명령어 대체(^)나 입력 리다이렉트(⟨)로 잘못 해석되지 않도록
하는 데 사용된다.

```
#
# $k와 SK 사이에 존재하는 "도 역시 오버로드되었다(overloaded). 여는
# 따옴표는 첫 번째 〈 전의 어느 곳에 올 필요가 있는데, 여기에서는 $k와
# SK 사이에 존재하여 그들이 펄에 의해서 존재하지도 않는 변수인 ${kSK}로
# 해석되지 않도록 하고 있다. 그렇지 않다면 공백이 필요했을 것이기
# 때문에 여기에서도 1바이트가 절약되고 있다. 앞서 제이가 했던 것처럼
# 한 문자로 된 변수를 사용하는 기법은 여기에서 통하지 않는다. k라는
# 변수 이름은 명령행에서 -k=key라는 형태에 의해서 이미 결정되어
# 있기 때문이다(rsa-k=11-n=cal처럼 간략하게 적는 대신
# rsa -;=11-n=cal이라고 적지 않는 한 그럴 수밖에 없다!).
#
# 따라서 이런 과정 이후에 dc가 실제로 입력받는 문자열의 형태는
# ('AAA'라는 아스키 입력 파일을 암호화한) $/=414141, (RSA 키의 16
# 진수 값인) $k=11 그리고 모듈러스의 16진수 값인) $n=cal이다.
#
# 16dio11SK414141SMCA1sN0p[lN*1
# lK[d2%Sa2/d0〈X+d*lMLa^*lN%0]dsXx++lMlN/dsM0〈j]dsjxp
#
# dc는 라인 피드(line feed)를 인식하지만 그냥 무시한다. 따옴표 "들은
# 셸이 라인 피드를 명령어의 끝으로 인식하지 않고 프로그램의 일부만 에코
# 한(echoing) 다음 만약 두 번째 명령어의 형태가 올바르지 않다면 정확하게
# 지적할 수 있도록 만들기 위해서 필요하다. 만약 잘못되었다면 (펄과 셸이 필요한
# 변수들을 확장하기 전에) 프로그램 문자열로 되돌아간다.
#
# 16dio\U$k"SK$/SM$n\EsN0p[lN*1
# lK[d2%Sa2/d0〈X+d*lMLa^*lN%0]dsXx++lMlN/dsM0〈j]dsjxp"
#
# dc 명령어는 다음과 같이 나뉜다.
#
#
# 16dio                    # 16진수 입력과 출력을 부탁한다.
#
# \U$k"SK                  # \U는 펄에 의해 대문자로 변환을 시작한다.
#                          # 따옴표 "는 셸에 의해서 제거된다. 따라서 이
```

```
#                       # 명령은 키값인 $k를 dc 레지스터 K에 저장
#                       # 한다(좀 더 정확하게 말하자면 명령어 S는
#                       # dc 스택 K에 저장된다. 왜냐하면 우리는 지금
#                       # 펄의 대문자 문자열인 \U...\E의 영역에
#                       # 있기 때문에 우리가 sk라고 적어도 펄이 그것을
#                       # SK로 바꾸기 때문이다. K는 레지스터처럼
#                       # 1과 함께 사용될 수 있기 때문에 상관없다).
#
# $/SM                  # $/가 16진수의 표준 입력이라는 사실을
#                       # 기억하기 바란다. 앞에서 설명한 것처럼
#                       # 1바이트를 절약하기 위해서 $m과 같은 보통의
#                       # 변수 이름 대신 $/를 사용한다. 이 부분이
#                       # 펄에 의해서 대문자로 바뀌기 때문에 스택을
#                       # 사용한다.
#
# $n\EsN                # 대문자 영역의 끝(\E)을 표시하고(명령행에서
#                       # 주어진 rsa 모듈 이름인) $n을 N에 저장한다.
#                       # 대문자 N이 사용된 것은 그냥 일관성을
#                       # 지키기 위해서다. 이제는 \U...\E의
#                       # 영역 밖으로 나왔으므로 소문자 n을
#                       # 사용해도 상관없다.
#
# 0p                    # 나중을 위해서 0을 저장한다.   [1]
#                       # 좀 더 나중을 위해서 "0\n"을 출력한다.[2]
#
# 재귀적으로 호출되는 메인 함수는 "j"이다.
#
#
#     [lN*1lK[d2%Sa2/d0<X+d*lMLa^*lN%0]dsXx++lMlN/dsM0<j]dsj
#
# 이 명령은 다음과 같은 형태로 작성되었다.
#
#     [code-for-j]dsjxp
#
```

```
# 이는 주어진 문자열을 스택에 저장하고, dup (d)를 실행한 다음 결과를
# 레지스터 j에 저장한다. 그리고 dup에 의해서 스택에 남아 있는 카피를
# execute (x)로 실행하고, 끝으로 result (p)를 통해서 결과를 출력한다.
#
# 다음과 같은 표현이 좀 더 의미가 뚜렷하지만 1바이트를 절약하기 위해서
# 앞의 방법을 사용했다.
#
#     [code-for-j]sjljxp
#
#
#
# [lN*1lK[d2%Sa2/d0<X+d*lMLa^*lN%0]dsXx++lMlN/dsM0<j]dsjxp"
#
# 함수 j는 지금까지의 결과를 인자(argument)로 받아들인다. 제이의 블로킹
# 메서드에 대한 간단한 설명을 여기에서 해야할 것이다. 하지만 우선 RSA에
# 대한 간단한 설명부터 한다.
#
# RSA 암호화는 m^e mod N을 계산하는 것이다. 다시 말해서 m의 e승을
# N으로 나눈 나머지를 구하는 것이다. 이를 펄로 표기하면
# 다음과 같다.
# (**=exponent, %=modulus)
#
#     C = M ** e % N
#
# M은 (RSA 모듈에 의해서 N보다 작은 수로 변경될) 원래의 메시지고,
# e는 공개 키의 일부인 지수이며, N은 RSA 모듈러스 그리고 C는
# 암호화된 문서(cyphertext)를 나타내는 기호다.
#
# 해독(decrypting)의 과정은 e 대신 개인 키의 일부인 d를 지수로
# 사용할 뿐 동일한 연산을 수행한다. 그것을 펄로 나타내면 다음과 같다.
#
#     M = C ** d % N
#
# 이것이 매우 큰 수가 될 것이라는 사실에 주목하기 바란다. 보안성을 높이기
```

위해 RSA에서 N은 보통 1024개의 비트로 이루어진 수를 이용한다.
#
수가 크기 때문에, tmp=(M**e)를 구한 다음 C=tmp%N을 계산하는 뻔한
알고리즘보다 효율적인 알고리즘을 사용할 필요가 있다. 만약 효율적인
알고리즘을 사용하지 않는다면 이 연산을 수행하는 과정은 영원히 끝나지 않을
것이다(이는 과장이 아니다. 커다란 키값을 계산하기 위해서 아마 거의
수백 년의 시간이 걸릴 것이다).
#
커누스(Knuth)는 이러한 모듈러(modular) 연산을 효율적으로 수행하는
방식을 설명했다. 다음은 그의 방법을 설명하는 유사 코드(pseudo code)다.
#
$ans = 1;
$kbin = split(/./,unpack('B*',pack('H*',$k)));
for ($i=0; $i<$#kbin; i++)
{
$ans = $ans * $ans % $N;
if (substr($kbin,$i,$1) == 1)
{ $ans = $ans * $M % $N; }
}
return $ans;
#
이는 $N이 작은 경우에만 제대로 동작한다(내가 직접 테스트한 것은 아니다).
왜냐하면 N이 큰 경우에는 오버플로우(overflow)가 발생하기 때문이다.
1024비트란 128바이트를 의미하는데, 대부분의 컴퓨터에서 정수형(int)
변수는 고작해야 4바이트로 표시된다.
#
우리의 펄 코드는 앞의 모듈러 지수(modular exponentiation)
알고리즘을 구현한다.
#
이제 블로킹 메서드로 넘어가자. 기본적인 연산인 (M**k%N)은
N보다 작은 수로 표현되는 메시지인 M에 달려 있으므로, 만약 메시지가
N보다 크면 N보다 작은 조각(chunk)으로 나뉘어야 한다.
#
이렇게 여러 조각으로 나누어진 블록(block)은 실제 RSA 소프트웨어

애플리케이션에서는 거의 사용되지 않는다. RSA는 종종 전통적인
암호화(conventional cipher)와 함께 혼합형 암호화 시스템
(hybrid crypto system)을 구성하는 데 사용된다. 이는 PGP가 동작하는
방식이다. PGP가 사용하는 전통적인 암호화 방식은 IDEA다. 여기에서는
RSA가 세션키를 암호화하는 데 사용될 것이다. 세션키는 전형적인 크기의
키가 사용되면 하나의 블록에 들어갈 만큼 충분히 작다(RSA는 키의 크기가
1024보다 작으면 안전하지 않은 것으로 간주된다).
#
이 프로그램(펄 프로그램을 의미한다)은 테스트 목적을 위해 1024보다
작은 (따라서 그만큼 덜 안전한) 키를 사용했기 때문에 여러 개의 블록을
허용할 필요가 있었다.
#
또한 보안과 관련해서 유의할 점으로 다음과 같은 사항들도 있다. 순수한
RSA가 사용되는 상황에서는 공격에 대한 저항력을 높이기 위해서 체이닝
(chaining)을 수행할 필요가 있다. 하지만 이 펄 프로그램은 체이닝을
구현하고 있지 않으며, 여러 개의 블록은 다만 작은 테스트 숫자가 제대로
동작하게 만들기 위한 것일 뿐이다. 펄 프로그램은 본래 체이닝이 결여되어
있는 여러 개의 블록과 함께 사용되면 곤란하다(크기를 줄이기 위해서
효율성과 보안성이 희생되었다).
#
RSA가 세션키를 암호화하기 위해서 하나의 블록과 사용되었을 때는 세션키
(즉 메시지) 내부에 임의의 수를 집어넣음으로써 다른 종류의 공격에 대비해야
한다. 여기에 소개하는 펄 프로그램은 이러한 일을 하지 않는다. 하지만 이
프로그램을 이용하는 사용자가 그렇게 하는 것을 막지도 않는다. 예를 들어
이 스크립트를 pgpacket 그리고 8줄의 펄로 작성된 존 알렌(John Allen)의
md5와 결합하면 PGP와 호환되는 서명 스크립트(signing script)를
만들 수 있다.
#
보통 사용되는 블로킹 메서드는 N 안에 들어갈 수 있는 최대한의 바이트,
즉 각 블록 안에 floor(log256(N)) 바이트를 넣는 것이다. 이는 곧
메시지의 크기가 증대하는 것을 의미하며, 따라서 해독할 때 블로킹이 적절하게
제거되어야 한다는 사실을 의미한다.
#
바로 이것이 이 프로그램의 모든 버전에서 사용한 블로킹 메서드다.

제이가 모든 것을 직접 변경했다(그리고 동시에 많은 바이트를 절약했다!).
#
제이가 제안한 것 중 하나는 메시지를 N보다 작은 블록으로 나누기 위해
베이스(base) N을 사용하도록 한 것이다. 이는 dc 내부에서 표현하기에
수학적으로 훨씬 간결했기 때문에 상당한 양의 바이트를 절약하는 데
기여했다. 이처럼 베이스 N을 이용하는 프로그램은 당연히 이전 버전의
블로킹 메서드와 호환되지 않는 결과를 출력한다.
#
자, 이제 dc 코드로 돌아가서 함수 j를 살펴보자.
#
함수 j는 다음과 같다.
#
[lN*1lK[d2%Sa2/d0<X+d*lMLa^*lN%0]dsXx++lMlN/dsM0<j]dsjxp"
#
함수 j는 지금까지의 연산 결과(즉 스택에 남아 있는 값)를 인자로 간주한다.
제이의 블로킹 메서드는 현재의 값에 N을 곱한 결과를 스택에 저장하는 것을
첫 번째 업무로 간주한다. 이 경우, 암호화된 블록들이 원래의 블록들과
반대의 순서로 저장된다는 사실에 유의해야 한다. 하지만 해석 과정에서 다시
순서가 바뀔 것이기 때문에 상관은 없다. 이렇게 순서가 바뀌는 대로 내버려
둘 수 있다는 사실로부터도 몇 바이트가 절약된다(이렇게 블록의 순서를
바뀌게 함으로써 바이트를 절약하는 아이디어 역시 제이의 것이다).
#
function j broken down:
j 함수의 내용은 다음과 같이 분류된다.
#
lN*   # 지금까지의 결과에 N을 곱한 다음 그 결과를
나중에 사용하기 위해서 스택에 저장한다 [3]
#
1   # 나중에 사용하기 위해서 스택에 1을 저장한다 [4]
#
lK   # 키 K를 스택에 저장한다.
#
이 시점에서 함수 X가 호출된다. 이 함수는 키를 이진수(binary)로 변환하고
커누스의 모듈러 지수 알고리즘을 수행한다. 함수 X는 j 함수의 내부에서

```
# 인라인(inline)으로 정의되고 있는데, 이렇게 하는 것은 함수를 바깥에서
# 정의하는 것에 비해서 몇 바이트를 절약할 수 있다.
#
# 함수 X는 다음과 같다.
#
# [d2%Sa2/d0<X+d*lMLa^*lN%0]
#
# 여기에서도 [code-for-X]dsXx라는 형태는 [code-for-X]sXlXx
# 대신 사용되어 1바이트를 절약하고 있다.
#
# 함수 X는 다음과 같이 분류된다.
#
# d2%Sa2/d0<X       # 2로 나누어 나머지 값을 구하는 모듈러스 2
#                   # 연산을 수행하고 결과를 스택 a에 저장한다.
#                   # 그와 동시에 2로 나눈 다음 남은 키값이 0보다
#                   # 크면 함수 X를 재귀적으로 호출한다. 이 재귀적
#                   # 호출이 끝에 다다르면 스택 a는 키의 값을
#                   # 이진수 형태로 저장한다. 이진수의 가장 오른쪽
#                   # 값이 스택의 가장 위에 위치한다.
#
#
# +                 # 재귀적 호출 뒤에 남아 있는 0을 잡아먹는다.
#                   # 첫 번째 0을 잡아먹는 과정에게 조달하기
#                   # 위해서 함수 X의 끝에 0을 더한다.         [5]
#
# d*                # 앞의 [4]에서 저장된 1은 스택의 시작 부분을
#                   # 1로 준비시키기 위해서 필요하다.
#
# lMla^*            # 이는 최적화된 방식으로 M을 곱한다(스택 a에
#                   # 저장되어 있는 이진수 키값에서 다음 비트의
#                   # 값이 무엇인가에 따라 다르다). lMla^를
#                   # 사용하는 것은 제이의 공헌으로 무려
#                   # 5바이트를 절약하였다. 이 방법이 작동하는
#                   # 원리는 바로 (위에서 설명한) 커누스의
```

```
#                     #  알고리즘에서 키의 다음 비트가 1인 경우에는
#                     # ans에도 M이 곱해져야 한다는 것이다.
#                     # 다음 비트가 0일 때는 1M1a^에 1을 곱하고,
#                     # 다음 비트가 1일 때는 M으로 곱하는 것이다!
#
# 1N%                 # modulus N
#
# 0                   # 0은 앞의 [5]에서 먹힌 0을 제공해 주기
#                     # 위해서 요구된다.
#
# 함수의 설명이 끝났으므로 이 함수는 이제 X에 저장되고 다음 명령어에 의해서
# 수행된다.
#
# dsXx                # X에 대한 호출


# 함수 j를 계속해서 설명하자면... [5]에 의해서 남은 잉여의 0을 기억하라.
# +                   # [5]에 의해서 남겨진 0을 먹는다.
#                     N이 곱해진 앞의 블록을 드러낸다.
#
# +                   # 현재 블록의 결과를 더한다.
#
# 시작 부분 [1]에서 저장된 0은 처음에는
#                     # 현재 결과가 0이 되도록 준비시키기 위해서
#                     # 요구된다.
#
#
# 1M1N/dsM            # 처리된 블록 (M=M/N)을 버린다.
#                     # 또한 dup(d)는 다음 비교를 위해서 계산된
#                     # M 값을 스택에 저장해 둔다.
#
# 0<j                 # 만약 0보다 크면 다음 블록을 재귀적으로
#                     # 암호화하기 위해서 함수 j를 호출한다.
#
```

```
# 이제 함수 j의 내용이 정의되었으므로 j는 다음과 같은 명령어에 의해서
# 실행된다.
#
# dsjx                     # j를 호출한다.
#
#
# p                        # 스택에 남은 결과를 출력한다.
#
# dc 문자열의 끝이다!
#
# dc를 실행해서 얻은 결과는 $_에 저장되었다. 이제 펄 프로그램으로 돌아간다.

s/\W//g;

# 위의 내용은 GNU dc가 출력하는 스타일의 일부인 "\\n"들을 제거한다.
# 이제 GNU dc가 추가적인 숫자를 출력하는 내용은 다음과 같다.
#
# 0ABCDAFEAFDA98DFBCA134134123412341324098173049813 8904\
# BCA134134123412341324098173049813 8904
#
# 위의 내용은 맨 끝에 있는 \와 새로운 행(newline)을 나타내는 문자를
# 제거한다.
# 공백 문자(새로운 행)를 제거하는 것은 (다음과 같은) 위의 p [1]에
# 의해서도 요구된다.
#
# $_=`echo 16dio\U$k"SK$/SM$n\EsN0p[lN*1
#                              ^
# ]
#
# 이는 다음 표현을 위해서 필요하다.
#
#  /((..)*)$
#
#  이것은 0과 리턴키를 출력하고, 다음에 dc를 실행하여 결과를 커다란 16진수
```

```
#    숫자로 출력한다(만약 GNU dc가 사용된다면 여러 개의 줄로 나눠서, 줄의
#    끝에 \s가 붙어 있을지도 모른다).
#
#    공백 문자를 제거하는 것은 그렇지 않은 경우에 "0"을 출력하거나
#    dc로부터의 결과 값 앞에 붙여야 하는 "0"을 출력하기 위해서 필요한
#    바이트 수를 절약하게 해준다.
```

두 줄짜리 RSA 알고리즘

어떻게 감상했는지 궁금하다. 설명문을 여러 번 반복해서 읽고, 유닉스 환경에서 프로그램을 실제로 실행해 보기도 했다면 적어도 알고리즘의 전체적인 흐름은 어느 정도 이해할 수 있었을 것이라고 생각한다. 그렇지만 세 줄짜리 펄 프로그램을 이해했다고 해서 어디서 뽐내지는 말기 바란다. 요즘 '유행'은 세 줄짜리 알고리즘이 아니라 다음과 같은 '두 줄'짜리 알고리즘이기 때문이다.

```
print pack"C*",split/\D+/,`echo"16iII*o\U@{$/=$z;[(pop,pop,unpackH*",◇)]}\
EsMsKsN0 [lN*1lK[d2%Sa2/d0◇X+d*lMLa^*lN%0]dsXx++lMlN/dsM0◁J]dsJxp"¦dc`
```

　겨우 쓰러뜨린 터미네이터가 불 속에서 다시 걸어오는 것처럼 느껴질 것이다. 세 줄짜리 알고리즘을 소화한 독자는 이제 두 줄짜리 알고리즘에도 도전해보기 바란다. 실전 프로그래밍을 하다 보면 (차마 이 정도 수준은 아니겠지만) '엉망진창'으로 작성된 코드를 아무런 힌트도 없이 디버깅

해야 할 때가 종종 있기 마련이다. 하지만 이 정도 펄 코드를 해석할 수 있는 능력을 갖춘 프로그래머라면 그런 디버깅은 문제가 되지 않을 것이다.

4부에서는 유명한 'N개의 여왕 문제'에 대해서 알아본다.

4.
장.

클래식으로 마무리하는 차분한 저녁

하루의 일을 마치고 집으로 돌아가는 길에는 클래식 채널을 주로 듣는다. 음악이 끝나고 나면 진행자가 조용하게 잠긴 목소리로 누구누구가 연주한 누구누구의 몇 번 무슨 장조 어쩌고, 하고 설명을 하면 그게 언제나 신기하다. 저렇게 많고 긴 음악마다 전부 제목이 있고, 연주자가 따로 있고, 사연이 있는 것이 재미있다. 이 장에서는 'N개의 여왕 문제'를 중심으로 제프 소머즈의 '퇴각 검색' 기법 알고리즘을 설명했다. 알고리즘에도 저마다 제목이 있고, 연주자(프로그래머)가 있고, 사연이 있다. 클래식보다 더 재미있다. 더 신기하다.

N개의 여왕 문제

60년대 말에 유닉스와 (훗날 C로 발전한) B 언어를 개발하여 유닉스의 아버지로 불리는 켄 톰슨(Kenneth Thompson)은 엄청난 체스(chess) 마니아로 알려져 있다. 2000년에 루슨트의 벨연구소에서 은퇴한 그는 평생에 걸쳐서 둘째가라면 서러워 할만큼 훌륭한 실력을 펼친 프로그래머였지만, 뛰어난 체스 실력으로도 유명했다.

C 언어를 개발한 데니스 리치는 벨연구소에서 켄 톰슨과 함께 일한 동료로서 그에 못지않게 널리 알려진 프로그래머다. 데니스 리치와 켄 톰슨은 혼자 일할 때보다 함께 일할 때 더 많은 능력을 발휘할 수 있었다고 밝힐 만큼 호흡이 잘 맞는 콤비였다. 유닉스와 C 언어의 잘 맞는 궁합은 결코 우연이 아니었던 셈이다. 켄 톰슨은 언젠가 데니스 리치와 함께했던 일을 반추하면서 다음과 같은 일화를 밝힌 적도 있다.

두 사람은 환상의 콤비였지만 서로 사인이 맞지 않아서 소프트웨어에 공백이 생긴 적이 딱 한 번 있었다고 한다. 그래서 켄 톰슨은 급하게 20줄

정도의 어셈블리 코드를 작성했다. 그런데 그와 같은 시간에 데니스 리치도 문제를 발견하고, 급히 어셈블리 코드를 작성했음을 알게 되었다. 그래서 그는 자신이 작성한 코드와 데니스 리치가 작성한 코드를 비교했는데, 놀랍게도 두 코드는 점 하나 다르지 않고, 정확하게 일치했다고 한다.

: 켄 톰슨과 데니스 리치(www.english.uga.edu)

이진수 코드에 거의 직접적으로 대응하는 어셈블리 코드는 C나 자바와 같은 언어에 비해서 개인의 코딩 스타일을 드러낼 여지가 상대적으로 적다. 그렇다고 하더라도 20줄의 코드가 글자 하나 다르지 않고 정확하게 일치했다는 사실은 유닉스와 C 언어를 개발한 두 사람의 컴퓨터 프로그래밍 스타일과 접근 방식 그리고 알고리즘을 풀어나가는 방향이 매우 근접해 있었다는 사실을 잘 나타낸다.

찰스 배비지, 앨런 튜링, 폰 노이만, 존 매카시(John McCarthy)와 같은 컴퓨터의 역사에 이름을 남긴 천재들이 모두 게임에 열광했던 것처럼 켄 톰슨 역시 게임의 천재였다. 생각해 보면 '게임'은 일정한 규칙 속에서 발생하는 여러 가지 변화를 다룬다는 점에서 프로그래밍과 크게 다르지 않다. 넓게 보자면 컴퓨터 프로그래밍 역시 '게임'의 범주에 속한다고 볼 수 있을 것이다.

이 장에서 살펴볼 알고리즘은 체스판 위에서 이루어지는 일을 다루지만, 실제로 체스와는 별 상관이 없다. 문제 자체는 간단하지만 알고리즘을 끌고 가는 힘의 강도에 따라서 답변이 짧을 수도 있고, 길 수도 있기 때문에 IT 회사에서 인터뷰를 할 때 가끔 등장하는 질문이기도 하다. 이 문제는 흔히 'N개의 여왕 문제(N queens problem)'라고 알려져 있기도 한데, 문제의 내용을 간단하게 정의하면 다음과 같다.

"가로 세로 모두 N개의 칸이 있는 체스판 위에 N개의 여왕을 올려놓되 서로 공격해서 잡을 수 없도록 놓을 수 있는 방법은 모두 몇 개인가?"

알고리즘을 제대로 공부했던 사람은 한 번쯤 들어본 적이 있는 문제일 것이다. 이 문제를 해결하기 위해 사용되는 알고리즘에서 핵심은 '퇴각 검색(backtracking)' 기법으로 압축된다. '퇴각 검색'은 정렬 알고리즘에서 자주 등장하는 '재귀(recursion)' 혹은 '분할 점령(divide and conquer)'과 함께 알고리즘을 구성하는 데 매우 폭넓게 이용되는 방법의 하나다.

: 영화 '해리 포터'의 한 장면, 아이들 뒤에 있는 무사가 체스의 말이다(©Warner Brothers)

　이 문제를 풀어 본 적이 없는 사람은 종이 위에 볼펜으로 가로 세로 8칸의 체스판을 그려 놓고, (지우개로 지울 수 있는) 연필을 이용해서 8개의 여왕을 넣어 보기 바란다. 체스에서 '여왕'은 장기에서의 '차(車)'처럼 전후좌우로 움직일 수도 있고, 대각선 방향으로 움직일 수도 있는 최강의 전사(戰士)다. 따라서 'N개의 여왕' 문제는 체스판 위에 여왕을 내려놓되 행(row), 열(column), 대각선(diagonal) 어느 곳으로도 다른 여왕과 충돌하지 않도록 만들라는 문제다.

📖

——————— 두 번째. ———————

눈으로 풀어 보는 N개의 여왕 문제

문제를 정확하게 이해하기 위해 우선 가로 세로의 칸이 각각 4개인 체스 판 위에서 4개의 여왕을 가지고 연습해보자. 어려운 문제를 본격적으로 풀기 전에 쉬운 문제를 통해서 개념을 확실하게 잡아보자. 설명을 편하게 하기 위해서 각 칸에 (i, j)와 같은 방식으로 번호를 매긴다.

(1, 1)	(1, 2)	(1, 3)	(1, 4)
(2, 1)	(2, 2)	(2, 3)	(2, 4)
(3 ,1)	(3, 2)	(3, 3)	(3, 4)
(4, 1)	(4, 2)	(4, 3)	(4, 4)

그림에서 보는 바와 같이 i는 위에서 아래로 내려가는 행의 번호를 가리키고 j는 왼쪽에서 오른쪽으로 진행하는 열의 번호를 가리킨다(고등학

교 수학에서 배웠던 '행렬'과 동일하다).

우선 첫 번째 여왕을 다음과 같이 (1, 1)의 자리에 놓는 것으로 문제를 풀기 위한 여정을 시작해 보자.

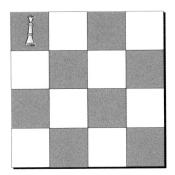

두 번째 여왕은 첫 번째 행에는 놓을 수 없으므로 두 번째 행에서 자리를 찾아야 한다. 그런데 (2, 1)과 (2, 2)는 앞에서 놓은 여왕의 길목에 해당하므로 선택은 (2, 3)과 (2, 4) 둘 뿐이다. 따라서 일단 두 번째 여왕을 (2, 3)에 놓아 보자.

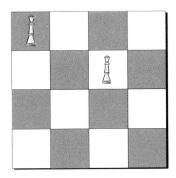

이제 세 번째 여왕을 놓을 차례다. 세 번째 행에서 한 칸씩 확인을 해 보기 바란다. 여왕을 놓을 수 있는 자리가 있는가? (3, 1)은 첫 번째 여왕

이 아래로 내려오면서 칼을 휘두를 것이므로 놓을 수 없는 자리다. (3, 2)는 두 번째 여왕이 왼쪽 아래 대각선으로 칼을 날릴 것이다. (3, 3) 역시 두 번째 여왕이 칼을 뽑을 것도 없이 그냥 아래로 발만 뻗어도 닿을 자리다. (3, 4)도 두 번째 여왕의 칼날으로부터 자유롭지 않다. 그렇다면 체스판이 4×4일 때는 'N개의 여왕' 문제를 풀 수 없다는 말인가?

아니다. 아직 방법이 남아 있다. 아까 앞에서 (2, 3)과 (2, 4)라는 두 개의 선택이 있을 때 우리는 (2, 3)을 선택했었다. 그랬더니 다음 수가 보이지 않게 되었으므로 다시 되돌아가서 또 하나의 가능성이었던 (2, 4)에서부터 시도해 보는 길이 남아 있다. 여기에서 '뒤로 되돌아가서'라는 표현에 주목하기 바란다. 잠이 덜 깬 상태에서 와이셔츠의 단추를 채우다 보면 가끔 끝이 맞지 않을 때가 있다. 이럴 때에도 우리는 단추를 하나씩 풀면서 '뒤로 되돌아가서' 문제를 해결한다. 이렇게 '뒤로 되돌아가서' 아직 시도해 보지 않은 새로운 길을 탐색해 보는 방법, 말하자면 그것이 바로 '퇴각 검색' 기법이다.

퇴각 검색 기법을 이용해서 두 번째 행의 여왕을 (2, 3)이 아니라 그림과 같이 (2, 4)에 놓아 보자.

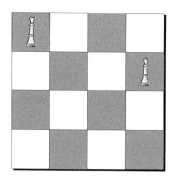

이제 다시 세 번째 여왕을 놓기 위한 자리를 확인해 보자.

(3, 1)은 여전히 첫 번째 여왕의 세력권이므로 건드리면 안 된다.

그럼 (3, 2)는? 앞에서의 경우와 달리 (3, 2)는 이제 안전한 장소가 되었다. 첫 번째, 두 번째 여왕의 공격이 이곳에는 닿지 않고 있음을 확인해 보기 바란다. 따라서 우리는 세 번째 여왕을 안심하고, (3, 2)의 자리에 놓을 수 있다.

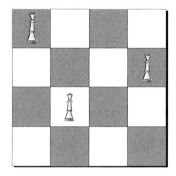

이제 마지막 여왕을 내려놓을 자리를 찾으면 문제가 해결된다. 그런데 자리가 없다. (4, 1), (4, 2), (4, 3), (4, 4) 모두 여왕들의 칼끝으로부터 자유롭지 못하다는 사실을 알 수 있다. 그렇다면 역시 체스판이 4×4인 경우에는 네 개의 여왕이 서로 만나지 않도록 배치하는 방법은 없는 것일까? 그렇다. 안됐지만 지금까지 확인한 것처럼 4×4 체스판의 경우에는 그렇게 놓을 수 있는 방법이 없다.

"방법이 없다"는 말을 듣고 "흠, 그렇군"하고 고분고분하게 생각한 사람은 미안하지만 필자의 장난에 속은 사람이다. 다시 한 번 진지하게 '퇴각 검색'을 생각해 보기 바란다. 우리가 아직 가보지 않은 길이 남아 있지 않은가?

생각이 잘 떠오르지 않은 사람은 맨 앞으로 되돌아가서 "우선 첫 번째 여왕을 다음과 같이 (1, 1)의 자리에 놓는 것으로 문제를 풀기 위한 여정을 시작해 보자."라는 문장을 되짚어 볼 필요가 있다. '퇴각 검색' 기법을 사용하면 아예 맨 처음으로 되돌아가서 첫 번째 여왕을 (1, 1)의 다음 자리인 (1, 2)에 놓아 볼 수 있는 것이다.

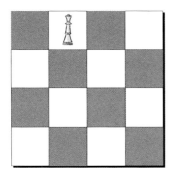

이제 첫 번째 여왕을 옆으로 한 칸 옮겨서 (1, 2)에 놓고 여정을 다시 새롭게 시작해보자.

이 경우에는 두 번째 행에 여왕을 놓을 수 있는 자리가 (2, 4)밖에 없다. 다른 세 자리는 모두 첫 번째 여왕이 엄격하게 관리하고 있는 '지역구'기 때문이다.

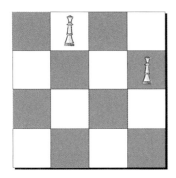

세 번째 여왕을 위한 자리도 하나로 결정되어 있다. (3, 1)밖에 없는 것이다. 나머지는 모두 첫 번째 여왕과 두 번째 여왕이 노리고 있는 자리다.

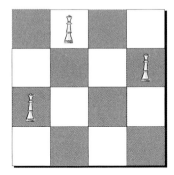

마지막인 네 번째 여왕을 위한 안전한 자리 역시 하나밖에 없다. (4, 3)이 바로 그 자리다.

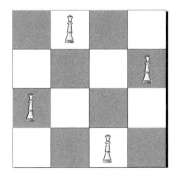

N=4일 때 'N개의 여왕 문제'를 마침내 풀어냈다. 우리의 삶도 퇴각 검색처럼 '뒤로 되돌아가서' 처음부터 시작할 수 있는 것이라면 재미있을 것이다. 그럴 수만 있다면 떠나간 '그녀'도 (혹은 '그'도) 붙잡고, 공부도 좀더 열심히 하고, 책도 많이 읽고, 술도 조금만 마시고, 아무튼 열심히 잘 살아 보려고 노력하겠지만 불행하게도 인생은 뒤로 되돌아갈 수 있는 '알

고리즘'이 아니다.

어쩌면 그편이 다행인지도 모른다. 단 한 번 존재하는 순간 속에서조차 최선을 다하지 않는 사람이 많다는 사실을 생각해 보면 더욱 그렇다. 그런 점을 생각해 본다면 삶이 언제든지 뒤로 되돌릴 수 있는 알고리즘이 된다면 진지한 모습으로 살아가는 사람은 더욱 줄어들 수밖에 없을 것이다.

문제 속에 숨어 있는 단편적인 알고리즘

어릴 때 '미로 찾기' 문제를 한 번쯤 풀어 보지 않은 사람은 없을 것이다. 미로를 따라가다가 길이 갈라지면 어느 한쪽을 선택하는데, 선택한 길의 끝이 막히면 우리는 다시 선택 지점으로 '되돌아가서' 가지 않고 남아 있는 길을 시도해 본다. 아무 생각이 없는 사람은 이미 갔었던 길을 다시 가다가 "어, 왔던 길이네"하면서 되돌아가기도 한다. 이런 미로 찾기는 생활 속에서 발견할 수 있는 퇴각 검색의 예에 속한다.

멀리 갈 것도 없다. 실전 프로그래밍을 하면서 새로운 알고리즘을 만들어 낼 때, 혹은 꼭꼭 숨어 있는 버그를 잡아낼 때 우리는 무의식중에 '퇴각 검색'을 이용한다. 일단 최선이라고 생각되는 길을 확인해 보고, 길이 막히면 다시 되돌아가서 새로운 길을 모색해 보는 방법은 굳이 퇴각 검색이라고 부를 것도 없이 우리가 늘 사용하는 자연스러운 방법이다.

필자가 근무하던 루슨트는 1996년에 AT&T로부터 분사한 회사다. 주로 네트워크 하드웨어와 소프트웨어를 제작하는 회사인데, 분사 당시에는 직원 수가 전 세계적으로 13만 명이 넘는 거대한 규모의 회사였다. 그런데 2000년 무렵부터 시작된 '불경기'의 폭풍이 몰아쳐서 현재는 전체적으로 35,000명 수준의 '조그만' 회사가 되었다(급기야 2006년에는 알카텔 루슨트로 합병되었다).

'불경기'와 그에 따른 '구조 조정'의 폭풍 속에서 직접 당해 보지 않은 사람은 알기 힘들 정도의 압박을 받으면서 일할 수밖에 없었는데, 더욱 힘든 것은 프로그램의 이곳저곳을 개발하고 관리하던 프로그래머가 수도 없이 회사를 떠나게 되면서 남아 있는 사람들이 감당해야 할 일이 계속 늘어나고 복잡해지는 일이었다.

새로 책임을 지게 된 소프트웨어에 문제가 발생했을 때, 관련된 로그(log)와 소스 코드를 읽어서 간단하게 문제를 해결할 수 있으면 좋지만 그렇게 단순히 해결되지 않는 경우도 많았다. 특히 RMI(Remote Method Invocation)나 CORBA를 통해서 원격 객체(remote object)의 메서드를 호출하는 경우나 멀티 스레딩과 관련된 미세한 타이밍(timing)의 차이 때문에 발생하는 버그를 잡는 것은, 그것이 다른 사람들이 설계하고 개발한 컴포넌트일 때는 결코 쉬운 일이 아니었다.

프로그램이 실행되는 환경을 설정하는 수십 개 이상의 유닉스 스크립트, 구성 파일(configuration files), C로 작성된 실행 파일 그리고 자바 프로그램 등의 연관성을 정확하게 이해하지 않으면 복잡하게 얽힌 분산 환경(distributed environment)에서 발생하는 버그를 잡아내는 일은 그야말로 '맨땅에 헤딩하기'와 다름없었다.

이렇게 많은 수의 스레드가 동작하는 분산 환경에서 발생하는 버그의 특징은 문제가 모습을 항상 드러내고 있는 것이 아니라 특정한 상황에서 잠깐 모습을 드러냈다가 곧바로 사라진다는 데 있다. 테스터나 고객이 문제를 발견하고 보고를 하면 개발 환경에서 문제를 재현(reproduce)할 수 있어야 디버깅이 가능할 텐데 문제가 재현되지 않는 경우가 자주 있었다.

자주 발생하는 문제가 아니라고 해도 소프트웨어의 품질과 고객의 만족도를 위해서 반드시 해결해야 하는 버그가 있다. 하지만 프로젝트 일정에 쫓기다 보면 프로그래머들은 '문제를 재현할 수 없음(not reproducible)'이라고 말하며, 문제를 무시하고 싶은 유혹에 빠지게 된다. 속으로는 '그런 문제가 있긴 하지'라고 생각하면서도 겉으로는 모르는 척하여 일단 '곤경'에서 빠져나가고 싶은 유혹을 느끼는 것이다.

'설마'하는 사람도 있겠지만 실제로 그런 터무니없는 유혹에 굴복하는 프로그래머가 생각보다 많다. 우리가 소프트웨어를 쓰면서 만나는 버그 중에서 프로그래머가 알면서도 그냥 흘려보낸 버그가 적어도 절반을 넘을 것이다(그중에는 '고의'가 아니라 현실적으로 버그를 잡을 방법이 없어서 어쩔 수 없었던 경우도 포함될 것이다).

이렇게 뚜렷한 방법이 없을 때 필자는 간단한 UML(Unified Modeling Language)을 이용해서 커다란 종이 위에 문제와 관련된 객체와 메서드와 매개 변수(parameter)를 모두 깨알같이 적어 나가는 방법을 애용한다. 프로그램의 실행 환경에 영향을 줄 수 있는 변수, 문제가 되는 부분과 관련된 스크립트, 구성 파일 등을 모두 적어 놓고 될 수 있으면 전체적인 흐름을 한눈에 읽으려고 노력한다(원래 바둑의 고수들이 바둑의 형세를 읽을 때도 지엽적인 것보다는 전체적인 흐름을 읽으려고 노력한다).

어느 단계에서 어떤 스레드가 생성되고, 언제 소멸되고, 스레드와 객체를 공유하는 대상은 누구인지 등을 반복해서 파악한다. 일단 전체적인 흐름이 파악되면 각 객체가 품고 있는 지역적인 알고리즘을 하나씩 확인한다. 어지간한 버그는 이와 같이 숨통을 조여 나가는 '수색 작업'을 견디지 못하고 어느 순간 제 발로 걸어 나오면서 '자수'하기 마련이다.

말하자면 이런 방법도 넓은 의미에서의 '퇴각 검색'의 일종이다. 여기에서는 알고리즘으로써의 '퇴각 검색'이 아니라 하나의 방법론으로써의 '퇴각 검색'을 말하는 것이다. 여러 갈래의 길을 하나씩 공을 들여가면서 전부 확인해 나가는 '방법론'은 대형 소프트웨어를 설계할 때, 복잡한 알고리즘을 구현할 때, 꼭꼭 숨은 버그를 찾아낼 때, 풀리지 않는 문제를 해결할 때, 어려운 결정을 내릴 때, 마음을 열지 않는 '그녀'를 공략하기 위한 작전을 수립할 때, 언제나 유용하다.

어느 농구 감독이 시합 중에 선수들을 불러 놓고 심각한 표정을 지으면서 '작전'을 지시한 적이 있었다. "지금부터 수비는 철저하게 수비하고, 공격은 공격을 잘해라."

'여러 갈래의 길을 하나씩 공을 들여서 확인하는 것'은 싱거운 농구 감독의 말처럼 누구나 할 수 있는 말이고, 별로 어렵지 않은 일처럼 들리지만 실제로는 그렇지 않다. 사람들은 10개의 길이 있다고 했을 때 그중에서 많아야 서너 개 정도의 길을 확인해 본 다음 길이 나오지 않으면 끝까지 가 보지도 않고 거기서 포기한다.

"It's not doable." (그건 할 수 없는 일입니다)

이 책을 읽는 독자 중에서 이런 말을 일 년에 3번 이상 한 사람이 있다면 그 '할 수 없었던 일' 중에서 적어도 반은 포기의 유혹 앞에서 의지를 꺾은 '굴복'이었을 것이다. 그런 사람이 있다면 기술 서적을 한 권 읽는 것보다 '프로페셔널' 프로그래머로서의 자기 모습을 성찰해 보는 시간이 더 필요할 것이다.

데이터 구조에 밝은 사람은 앞에서 살펴본 퇴각 검색 알고리즘의 원리가 '트리(tree)'나 '그래프(graph)'를 검색하는 방법과 흡사하다고 느꼈을 것이다. 그중에서도 특히 트리의 '깊이 우선 탐색(depth first search)' 알고리즘은 퇴각 검색 알고리즘과 원리적으로 매우 닮았다. 트리나 그래프에서 '깊이 우선 탐색' 알고리즘을 그림으로 설명해 보면 다음과 같다.

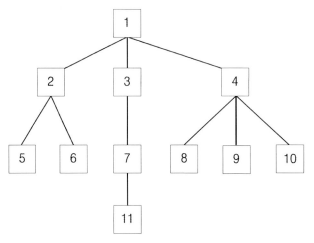

: 트리 검색

그림과 같은 트리 모양의 데이터 구조가 있다고 했을 때 '깊이 우선 탐색' 알고리즘은 트리의 루트(root)에 해당하는 '1'에서 시작해서 다음과 같은 순서로 노드를 방문하며 검색을 수행한다.

1 — 2 — 5 — 6 — 3 — 7 — 11 — 4 — 8 — 9 — 10

그림을 보고 순서대로 연필로 선을 그어 보면 알고리즘이 트리의 노드를 방문하는 순서를 파악할 수 있을 것이다. 'N개의 여왕' 문제의 해를 구하는 방법도 이와 비슷한 방식으로 트리를 형성한다.

프로젝트의 초창기에 필자는 함께 일할 프로그래머들을 선택하기 위해서 경력이 있는 프로그래머들을 인터뷰할 기회가 많았다. 지금까지는 주로 인터뷰를 '당했던' 경험을 많이 이야기했지만, 말하자면 정반대의 입장에 서 볼 기회도 많이 있었던 셈이다. 필자가 다른 사람을 인터뷰할 때 항상 맨 마지막에 던졌던 질문은 이진 트리에 저장되어 있는 데이터를 출력하는 알고리즘을 작성해 보라는 문제였다.

불경기에 이은 대규모 감원 사태가 이미 곳곳에서 진행 중이었기 때문인지 많은 사람들이 새로운 일을 찾아서 몰려들었다. 사람들이 많다 보니 좀처럼 잊혀지지 않는 재미있는 (특이한) 사람들도 있었다. 어느 인도 사람의 경우에는 인터뷰가 진행되는 동안에도 검은색 선글라스를 벗지 않아서 은근히 못마땅한 기분이 들었다. 이력서에 적은 회사 중 어느 곳은 미국 국방성과 관련된 비밀 프로젝트라고만 언급되어 있어서 약간 우스운 생각이 들기까지 했다. 그곳에서 무슨 프로젝트를 했느냐고 묻자, 그는 선글라스를 한번 만지작거리더니 "그것은 비밀이기 때문에 밝히기 곤란하다"고 대답했다.

그는 인터뷰 내내 주위를 두리번거렸으며 손을 양복 상의의 속주머니에 넣다가 빼는 것을 계속 반복했다. 마르고 왜소해 보이는 그의 체구는 '비밀 요원' 따위와 도저히 어울리지 않는데, 자바와 C++ 사이에 존재하는 '차이'를 설명해 달라는 (기초적인) 질문에 대한 그의 답은 질문의 의도에 더욱 어울리지 않았다. 자바와 C++의 차이를 설명해 달라고 하자 그는 느닷없이 자기가 미국 국방성에서 무슨 일을 했는지 설명하기 시작한 것이다.

어느 중국 프로그래머는 더욱 특이했다. 필자는 인터뷰를 하러 갈 때 대개 미리 작성해 둔 질문지를 손에 들고 갔다. 전부 16개 정도의 질문이 준비되어 있었는데, 처음 부분은 간단한 질문이고 뒤로 갈수록 깊이가 있는 알고리즘 문제였다. 질문을 던질 때 '정답'을 듣게 되면 좋지만 그보다 더 중요하게 보는 것은 문제를 대하는 상대방의 태도였다. 자기가 답을 모르는 문제 앞에서도 위축되거나 당황하지 않고 침착하게 최선을 다하는 모습을 보면 정답을 들은 것 이상으로 신뢰가 가기 때문이었다.

하지만 자기가 잘 모르는 문제를 만나면 사람들은 당황하거나 긴장했다. 필자가 인터뷰했던 중국 프로그래머는 거기에서 한 걸음 더 나아가서 자기가 모르는 문제가 나오면 '화'를 냈다. 그것도 어쩌다 '화'를 내는 것이 아니라 문제를 던질 때마다 '화'를 냈다. 이쯤 되면 오히려 문제를 내는 쪽에서 더 당황하고 긴장하게 되기 마련이다. 그가 알 만한 쉬운 문제를 골라서 조심스럽게 질문을 던져도 그는 '화'를 냈다. 끝으로 트리에 저장된 데이터를 출력하는 알고리즘을 '형식적으로' 물어보았더니 오히려 그가 필자에게 질문을 던졌는데, 그게 걸작이었다.

"Why are you asking me these questions?"
(너 나한테 이런 질문을 왜 자꾸 던지지?)

퇴각 검색 트리에서 잎(leaf)은 해를 찾았거나 혹은 해가 되지 않음이 최종적으로 확인된 경우를 의미한다. '미로 찾기'의 예를 들자면 길이 막혀서 더 이상 앞으로 나아갈 수 없는 경우가 이러한 잎에 해당한다. 앞에서 N이 4인 경우에 대해서 해를 구할 때 이런 트리 구조를 따라서 '깊이 우선 탐색'을 수행하였다. 검색을 수행한 결과, 해를 구할 수 없으면, 즉 여왕을 내려놓을 수 있는 자리를 찾지 못했으면 앞의 행으로 '되돌아가서' 다른 경우를 확인했다. 이렇게 앞의 행으로 되돌아가는 과정은 트리 구조를 '깊이 우선 탐색'으로 검색하다가 '잎'을 만나서 다시 '부모 노드(parent node)'로 되돌아가는 과정과 동일하다.

재귀와 스택

이러한 퇴각 검색 알고리즘을 작성할 때 제일 중요한 부분은 길이 막혀서 앞으로 되돌아가 다른 길을 시도할 때 이미 가본 길과 그렇지 않은 길을 정확하게 구별하는 일이다. 감각이 있는 프로그래머들은 이러한 선택을 조율하기 위한 기법으로 머릿속에 '재귀(recursion)'나 '스택(stack)'을 떠올렸을 것이다.

앞에서 살펴보았던 것처럼 '재귀'는 장점과 단점을 동시에 가지고 있다. 필자는 2년 전쯤에 자바스크립트(Javascript) 언어를 이용해서 XML 파서(parser)를 직접 만든 적이 있었다. DTD나 Schema를 이용해서 XML의 문법 구조를 검사(validation)하는 기능 같은 것은 없었지만, 자바스크립트가 컴파일되는 언어가 아니라 스크립트 언어라는 사실을 고려하면 생각보다 속도도 빠르고 버그도 별로 없었다(인터넷 익스플로러처럼 마이크로소프트의 ActiveX 컨트롤을 이용할 수 있는 브라우저에서는 훨씬 빠르고 가벼운 XML 파서 API가 제공되므로 자바스크립트 XML 파서는 실용적인 목적의 프로그램은 아니었다).

전체 파서 코드 중에서 제일 핵심이 되는 두 개의 함수를 소개했다. 자바스크립트의 문법은 C나 자바와 매우 비슷하지만, 훨씬 간단하고 이해하기도 쉬우므로 (자바스크립트를 따로 공부하지 않은 사람도) 코드를 어렵지 않게 읽을 수 있을 것이다. 'Document'나 'Node'와 같은 객체의 구조를 정의하는 부분과 DOM API에서 제공되는 함수를 똑같은 모습으로 구현하는 부분 등은 지면 관계상 생략했다. 관심 있는 독자는 나머지 코드를 스스로 작성해 보거나 다음의 코드를 개선해보기 바란다.

```
/**
 * XML 문자열 파서 API
 * 예를 들어, inputString은 다음과 같은 모습의 XML 문자열이다.
 *    <human>
 *        <name>Baekjun</name>
 *        <age>35</age>
 *        <height>176</height>
 *        <weight>secret</weight>
 *    </human>
 */
function parseXml (inputString)
{
    // inputString 안에 있는 '리턴'이나 '탭' 같은 불필요한 문자를
    // 제거한다.
    this.xmlString = removeUnnecessaryCharacters
                    (inputString);

    // 새로운 'Document' 객체를 만든다.
    var newDocument = new Document ();

    // 이 루트 노드는 형식적으로 존재할 뿐이다.
    var rootNode   = new Node ();
```

```
    rootNode.setNodeName ("RootNode");

    // 진짜 파싱은 parseXmlString 안에서 수행된다.
    parseXmlString (xmlString, rootNode);

    // Document 객체에 루트 노드를 설정한다.
    newDocument.setRootNode (rootNode);

    // 파싱된 XML 데이터를 저장하고 있는 Document 객체를 리턴한다.
    return newDocument;
}

/**
 * 이 함수는 재귀적인 알고리즘을 이용한다.
 */
function parseXmlString (xmlString, parentNode)
{
    var currentTagName = new String ();
    var hasAttributes;
    var hasSiblings;
    var currentNode;
    var siblingTags;
    var attributesNodeList;
    var indexOfOpenningTagStart;
    var indexOfOpenningTagEnd;
    var indexOfClosingTagStart;
    var indexOfClosingTagEnd;
    var contentInsideOfCurrentTag;
    var indexOfContentStart;
    var indexOfContentEnd;
    var indexOfSpace;
    var lengthOfOpenningTag;
    var lengthOfClosingTag;
    var lengthOfContent;
```

```
var indexOfOpenningTagStart = xmlString.indexOf ("<");

if (indexOfOpenningTagStart != 0)
{
    // 뭔가 잘못되었다.. 에러 처리를 수행한다.
}

// 아래 else 구문 속에서 본격적인 파싱이 이루어진다. 머릿속에 간단한
// XML 문자열을 떠올리면서 프로그램을 '눈으로' 돌려보기 바란다.
else
{
    indexOfSpace = xmlString.indexOf (" ");
    indexOfOpenningTagEnd = xmlString.indexOf (">");

    // 아래 조건이 참이면 태그에 속성(attribute)이 존재하지
    // 않는다는 뜻이다.
    if (indexOfSpace > indexOfOpenningTagEnd ||
        indexOfSpace == -1)
    {
        hasAttributes = false;
        currentTagName = xmlString.substr
                    (indexOfOpenningTagStart + 1,
                     indexOfOpenningTagEnd - 1);

    }

    // else의 경우는 현재 처리 중인 태그가 속성을 가지고
    // 있음을 뜻한다.
    else
    {
        hasAttributes = true;
        currentTagName = xmlString.substr
                    (indexOfOpenningTagStart +1,
                     indexOfSpace - 1);
```

```
        var lengthOfAttributes =
            indexOfOpenningTagEnd-indexOfSpace - 1;

        attributesNodeList = extractAttributes
            (xmlString.substr(indexOfSpace + 1,
            lengthOfAttributes));
    }


indexOfClosingTagStart = xmlString.indexOf ("</" +
                currentTagName + ">");
indexOfClosingTagEnd = indexOfClosingTagStart +
                currentTagName.length + 2;
indexOfContentStart = indexOfOpenningTagEnd + 1;
indexOfContentEnd = indexOfClosingTagStart - 1;
lengthOfContent = indexOfContentEnd -
            indexOfContentStart + 1;
contentInsideOfCurrentTag = xmlString.substr
        (indexOfContentStart, lengthOfContent);

    // 현재 태그를 위한 node 객체를 만든다.
    currentNode = new Node ();
    currentNode.setNodeName (currentTagName);
    currentNode.setParentNode (parentNode);

    if (hasAttributes)
    {
        currentNode.setAttributes
        (attributesNodeList);
    }

    // 아래 조건이 참이면 현재 처리 중인 노드가 함수에 주어진 XML
    // 조각에서 루트에 해당한다는 뜻이다.
    if ((indexOfClosingTagEnd + 1) ==
        xmlString.length)
```

```
  {
      hasSiblings = false;
  }


  // 아래 else는 현재 노드가 형제 노드를 가지고 있다는 뜻이다.
  else
  {
      hasSiblings = true;
      siblingTags = xmlString.substr
                  (indexOfClosingTagEnd + 1,
                  xmlString.length);
  }


  // 아래 if는 현재 태그가 잎(leaf)이 아니라는 뜻이다.
  if (hasSubTag (contentInsideOfCurrentTag))
  {
      // 함수를 재귀적으로 호출한다. 이 알고리즘의 하이라이트다!
      parseXmlString (contentInsideOfCurrentTag,
                  currentNode);
      if (hasSiblings)
      {
          // 형제 노드가 있는 경우에 전달하는 인수가 어떻게
          // 달라지는지 유의하기 바란다.
          parseXmlString (siblingTags,
                      parentNode);
      }
  }
  // 아래 else는 현재 태그가 잎이라는 뜻이다.
  else
  {
      var textNode = new Text ();
      textNode.setNodeValue (contentInsideOfCurrentTag);
      textNode.setParentNode (currentNode);
      if (hasSiblings)
```

```
                {
                    // 여기에서도 역시 재귀적인 호출이다!
                    parseXmlString (siblingTags,
                                     parentNode);
                }
                return;
            }
        }
    }  //  함수의 끝
```

이 파서는 XML 문자열에 담긴 태그의 수가 100~200개 정도의 수준
일 때는 그럭저럭 견딜 만한 속도를 보여주었으나 태그가 일정한 수를 넘
으면 속도가 급격하게 떨어졌다. 앞의 장에서도 언급했듯이 재귀적인 함
수 호출은 시스템 내부의 스택(이 경우에는 자바스크립트 해석기 내부의
스택)을 이용하기 때문에 프로그램 안에서 직접 루프(loop)를 돌리는 경
우에 비해 프로그램의 성능이 떨어진다는 단점이 있다.

예를 들어, 다음 코드를 생각해보자(이 코드는 완전한 코드이므로 스
크립트를 포함한 HTML 코드를 전부 복사해서 저장한 다음 브라우저로
읽으면 실행해 볼 수 있다).

```
<html>
<head>
<script>
function stackTest (n)
{
    if (n < 0)
    {
        return;
    }
    else
    {
```

```
          stackTest (n-1);
      }
  }
</script>
</head>
<body>
<h3>stack overflow test</h3>
<a href="javascript:stackTest(340)">click here</a>
</body>
</html>
```

이 코드를 윈도우 2000과 인터넷 익스플로러 5.5에서 실행했더니
'Stack overflow' 에러가 발생했다. 하지만 stackTest 함수에게 전달하는
수의 크기를 340에서 300으로 줄였더니 에러가 발생하지 않았다. 이는
자바스크립트 엔진이 내부적으로 사용하는 스택의 크기가 300과 340 사
이의 어딘가에 존재한다는 사실을 의미한다. 재귀 함수를 이용하는 것은
단순히 '속도'만 문제인 것이 아니라 이렇게 '공간'도 문제가 된다.

: 자바스크립트의 스택 오버블로우 에러 메시지

_____ 다섯 번째. _____

제프 소머즈의 알고리즘

지금까지 N개의 여왕 문제를 둘러싸고 있는 논점을 몇 가지 짚어 보았으므로 이제 실제 프로그램을 읽어 보자. N개의 여왕 문제를 구현한 프로그램은 많이 알려져 있기 때문에 필자가 직접 작성할 수도 있었지만 흔히 알려진 알고리즘보다 재미있게 작성된 프로그램을 하나 골라 보았다. 다음에 소개하는 코드는 미국 매사추세츠에서 일했던 프로그래머인 제프 소머즈(Jeffrey Somers)라는 사람이 짠 프로그램이다(제프 소머즈에게도 이메일을 보내서 프로그램 사용 허락을 받았다. 참 편리한 세상이다).

필자가 프로그래밍에서 개인적으로 제일 강조하는 부분은 코드의 '가독성(readability)'이다. 아무리 성능이 뛰어난 코드라고 해도 소스 코드가 괴발개발이면 무조건 빵점이다. 그런 면에서 보자면 제프 소머즈의 코드도 좋은 점수를 받기는 어렵다. 뚜렷한 의미를 전달해주지 않는 변수 이름이 등장한다면 그것만으로도 이미 좋은 프로그램이 될 수 없기 때문이다.

하지만 그의 코드가 구현하고 있는 '퇴각 검색' 알고리즘의 절묘함, 비트 연산자와 (재귀가 아닌) 스택을 이용해서 알고리즘의 속도를 최적화하고 있는 부분 등은 깊이가 있어서 입에 넣고 오물거릴 수 있는 맛있는 '오징어 다리' 같은 느낌이 들었다. 코드의 가독성이 떨어지는 부분은 성실하게 붙여 놓은 '설명문'을 통해서 어느 정도 만회하고 있다는 점도 높이 평가할 만하다.

이 알고리즘을 읽은 것은 필자가 이 책에 대한 구상을 마치고 집필을 시작하면서 제일 먼저 했던 일이었다. 코드를 프린터로 출력한 다음 형광펜을 손에 들고 책상에 앉아서 1시간 정도 코드를 꼼꼼하게 읽었다. 그때는 여름이었기 때문에 며칠 뒤의 휴일에는 가까운 바닷가에 갔었다. 뉴저지주 해안에 있는 아담한 도시인 포인트 플레즌트(Point Pleasant) 해변에 간이 의자를 놓고 앉아서 따뜻한 햇볕을 즐겼다. 바람은 시원하게 불고 파도는 적당히 높았다.

기다란 해안을 좌우로 왔다 갔다 하면서 꼬리에 광고 문구를 매달고 지나가는 비행기며, 영화 매트릭스의 한 장면처럼 허공에서 동작을 멈추고 떠 있는 이국적인 갈매기의 모습이 짙은 코발트색 하늘을 배경으로 한 가로운 풍경을 자아내고 있었다. 타인의 시선을 아랑곳하지 않고 뜨거운 모래밭 위에 마음대로 누워 있는 '여인'들의 모습에 본의 아니게(?) 시선이 머물기도 했다. 필자가 제프 소머즈의 코드를 제대로 이해한 것은 그렇게 시원한 바닷가에서 휴식을 취하던 때였다.

남의 코드를 눈으로만 읽어서 이해하는 것은 쉬운 일이 아니다. 하지만 실전 프로그래밍에서 하는 일의 절반 이상은 자기가 아닌 다른 사람이 작성한 코드를 읽고 이해하는 일로 채워진다. 그래서 다른 사람이 작성한 코드를 읽는 것이 새로운 코드를 작성하는 것만큼 즐겁지 않은 사람은 좋은 프로그래머가 되기 어렵다. 꼭 '일'과 관련되어서가 아니라 그냥 '놀

때', '화장실에서 일 볼 때', '혼자서 점심 먹을 때', '출퇴근할 때' 등과 같은 자투리 시간을 이용해서 잡지나 가벼운 책(예를 들면, 여러분이 읽고 있는 이런 책, 흠흠)에 실려 있는 코드를 가볍게 읽는 것이 습관이 되면 프로그래밍 실력은 놀라운 속도로 향상될 것이다.

제프 소머즈의 프로그램은 결코 쉽게 짜여진 코드가 아니라는 점을 미리 밝혀 둔다. 프로그래머라면 마땅히 갖추어야 할 끈기와 집중력이 없으면 제프 소머즈의 코드를 끝까지 정확하게 이해하기 어려울 것이다. 앞에서 보았던 '세 줄짜리 펄 프로그램'처럼 일부러 어렵게 만들어 놓은 코드는 아니지만, 처음부터 세세한 내용을 이해하려고 하면 지치기가 쉬우므로 처음에는 되도록이면 전체적인 윤곽을 잡는 데 집중하기 바란다.

프로그램 안에 포함되어 있는 제프 소머즈의 '설명문'을 보강하기 위한 필자의 설명은 프로그램 소스 코드 뒤에 나온다. 비트 연산이나 2의 보수 혹은 그 밖의 프로그램에 대한 보강 설명이 필요한 사람은 뒤에 있는 설명을 읽고 프로그램을 읽는 것도 좋은 방법이 될 것이다. 프로그램이 동작하는 원리를 스스로 이해하고 싶은 사람은 'Nqueen' 함수의 내용을 반복해서 읽어보기 바란다. 처음에는 의미가 눈에 잘 들어오지 않아도 세 번을 읽고, 다섯 번을 읽고, 열 번을 읽으면 '매직 아이'에서 보이지 않던 그림이 어느 순간 떠오르듯이 알고리즘이 동작하는 원리가 눈에 들어오기 시작할 것이다(여기에서도 원저자의 의도를 존중하기 위해서 되도록 '직역'을 하는 것을 원칙으로 삼았다).

```
/*  제프 소머즈 (Jeff Somers)
 *
 *  카피라이트 (c) 2002
 *
 *  jsomers@alumni.williams.edu
```

```
 *  or
 *  allagash98@yahoo.com
 *
 *  2002년 4월
 *
 *  프로그램: nq
 *
 *  N개의 여왕 문제에 대한 해(solution)의 개수를 구하는 프로그램
 *  이 프로그램은 2의 보수(2's complement) 아키텍처를 전제로 한다.
 *
 *  예를 들어서 4x4 체스판에서 4개의 여왕이 서로를 공격하지 않도록
 *  다음과 같이 배열할 수 있다.
 *
 *  두 개의 해:
 *
 *    _ Q _ _                _ _ Q _
 *    _ _ _ Q                Q _ _ _
 *    Q _ _ _                _ _ _ Q
 *    _ _ Q _    그리고       _ Q _ _
 *
 *  이 두 개의 해는 서로 거울로 비친 듯한 대칭형이지만 각각 구별되는
 *  다른 해라는 점에 주목하기 바란다.
 *
 *  이와 마찬가지로 8x8 체스판에는 8개의 여왕을 놓는 방법으로 92개의
 *  해가 존재한다.
 *
 *  명령행 사용법:
 *
 *          nq N
 *
 *      여기에서 N은 NxN 체스판의 크기를 의미한다. 예를 들어
 *      nq 4는 4x4 크기의 체스판에서 4개의 여왕 문제에 대한
 *      해를 구할 것이다.
 *
```

```
 *   이 프로그램은 기본적으로 각각의 해가 배열되는 모습을 출력하지 않고
 *   해의 개수만 출력한다. 체스판에 여왕이 배열되는 모습을 출력하고
 *   싶으면 Nqueen 함수에서 printtable 함수에 대한 호출이 주석 처리
 *   되어 있는 부분을 복원시키면 된다. 체스판의 배열을 출력하는 경우에는
 *   출력되는 내용을 다음과 같이 텍스트 파일로 직접 저장하지 않으면
 *   프로그램의 속도가 현저하게 저하될 것이다.
 *
 *   nq 10 > output.txt
 *
 *   N개의 여왕 문제에 대한 해의 개수는 23x23 체스판에 대해서까지만
 *   알려져 있다. 나는 이 프로그램을 이용해서 21x21 체스판에 대해서까지
 *   계산을 했는데, 그것조차 800MHz PC에서 일주일이 넘게 걸렸다. 알고리즘은
 *   대략적으로 보아서 O(n!)이라고 볼 수 있다(즉 느리다고 볼 수 있다).
 *   22 x 22 체스판을 계산하는 데는 21x21 체스판에 비해서 8.5배 혹은
 *   8주 반 정도의 시간이 걸릴 것이다. 심지어 10GHz 컴퓨터를 가지고 계산을
 *   해도 23x23 체스판에 대한 계산을 수행하는 데는 한 달 이상이 걸릴 것이다.
 *   물론 컴퓨터 클러스터(혹은 분산 클라이언트)를 이용하면 시간이 훨씬 적게
 *   걸릴 것이다.
 *
 *   (A000170 정수열에 대한 슬로안(Sloane)의 온라인 백과사전으로부터
 *   http://www.research.att.com/cgibin/access.cgi/as/
 *   njas/sequences/ eisA.cgi?Anum=000170)
 *
 *
 *   체스판의 크기:        N개의 여왕 문제에        800 MHz PC에서 계산에
 *   (NxN 체스판에서       대한 해의 개수:          걸리는 시간
 *   한 변의 길이)                                (시간:분:초)
 *
 *   1                   1                      n/a
 *   2                   0                      < 0 seconds
 *   3                   0                      < 0 seconds
 *   4                   2                      < 0 seconds
 *   5                   10                     < 0 seconds
 *   6                   4                      < 0 seconds
```

```
 *     7              40          < 0 seconds
 *     8              92          < 0 seconds
 *     9             352          < 0 seconds
 *    10             724          < 0 seconds
 *    11            2680          < 0 seconds
 *    12           14200          < 0 seconds
 *    13           73712          < 0 seconds
 *    14          365596          00:00:01
 *    15         2279184          00:00:04
 *    16        14772512          00:00:23
 *    17        95815104          00:02:38
 *    18       666090624          00:19:26
 *    19      4968057848          02:31:24
 *    20     39029188884          20:35:06
 *    21    314666222712          174:53:45
 *    22   2691008701644             ?
 *    23  24233937684440             ?
 *    24              ?              ?
 */
#include <stdio.h>
#include <stdlib.h>
#include <time.h>

/*
```

MAX_BOARDSIZE에 대한 첨부 설명:

부호가 없는 32비트 long은 18x18 체스판의 결과(666090624개의 해)
를 담기에 충분하지만, 19x19 체스판의 결과(4968057848개의 해)를 담기에는 부족하다.

Win32에서는 결과를 저장하기 위해서 64비트 변수를 사용하고 MAX_BOARDSIZE에는
단순히 21을 값으로 설정하였다. 왜냐하면 21이 내가 계산할 값 중 최댓값에 해당하기 때
문이다.

주의: 20x20 체스판이 실행되는 데는 펜티엄 III 800MHz에서 20시간 이상이 걸릴 것이

다. 21x21 체스판은 동일한 PC에서 일주일 이상이 걸린다.

유닉스의 경우, 체스판의 크기가 19x19 이상인 경우의 결과를 저장하기 위해서 g_
numsolutions의 데이터형을 부호가 없는 long에서 부호가 없는 long long으로 바
꾸거나 아니면 32비트 int를 이용하도록 고칠 수도 있을 것이다.
*/

```
#ifdef WIN32

#define MAX_BOARDSIZE 21
typedef unsigned _int64 SOLUTIONTYPE;

#else

#define MAX_BOARDSIZE 18
typedef unsigned long SOLUTIONTYPE;

#endif

#define MIN_BOARDSIZE 2

SOLUTIONTYPE g_numsolutions = 0;

/* 해에 따라서 체스판 위에 배열된 여왕들을 출력한다. */
/* 이 함수는 특별히 중요한 부분이 아니므로 최적화를 하지 않았다. */
void printtable(int boardsize, int* aQueenBitRes,
                SOLUTIONTYPE numSolution)
{
    int i, j, k, row;

    /* 전체 해 중에서 반만 계산하였다. 나머지 반은 'Y축'을 중심으로
        회전한 결과와 동일하기 때문에 굳이 계산할 필요가 없기 때문이다.*/
    for (k = 0; k < 2; ++k)
    {
```

```c
#ifdef WIN32
        printf("*** Solution #: %I64d ***\n",
            2 * numSolution + k - 1);
#else
        printf("*** Solution #: %d ***\n",
            2 * numSolution + k - 1);
#endif
        for ( i = 0; i < boardsize; i++)
        {
            unsigned int bitf;
            /*
                1로 설정된 열을 찾는다(즉 1로 설정되어 있는 값 중에서
                제일 오른쪽에 있는 값을 찾는다).
                만약 aQueenBitRes[i]가 011010b였다면,
                bitf = 000010b가 된다.
            */
            bitf = aQueenBitRes[i];

            row = bitf ^ (bitf & (bitf - 1));
                            /* 최하위 비트 값을 구한다. */
            for ( j = 0; j < boardsize; j++)
            {
                /* 이진수 표현에서 '1'을 찾을 때까지 계속 오른쪽으로
                    이동한다. '1'은 오직 하나만 존재할 것이다. */
                if (0 == k && ((row >> j) & 1))
                {
                    printf("Q");
                }
                /* Y축을 따라서 반사된 체스판을 구하는 과정이다. */
                else if (1 == k && (row &
                        (1 << (boardsize - j - 1))))
                {
                    printf("Q");
                }
```

```
                else
                {
                    printf(".");
                }
            }
            printf("\n");
        }
        printf("\n");
    }
}
```

/* 이 함수는 N개의 여왕 문제에 대한 해를 산출한다.
  우리는 우선 전체 해에서 절반만 계산하고, 나머지 반은 구한 해를
  'Y축'에 따라 반사시킴으로써 구했다. 모든 해는 이와 같은 방식에
  따라 반드시 하나의 다른 해를 산출할 수 있도록 되어 있다(물론
  체스판의 크기가 1x1인 경우는 제외한다). Y축을 중심으로 좌우 동형인
  모양은 (같은 행에 두 개의 여왕이 올 수 없으므로) 해가 될 수 없다.
  또한 홀수 개의 열을 가진 체스판에서 하나 이상의 여왕이 가운데 열에
  놓여 있는 경우도 해가 될 수 없다. 같은 열에 두 개의 여왕이 올 수는
  없기 때문이다.

  이 함수는 퇴각 검색 알고리즘을 사용한다. 우선 맨 위 행에 여왕을 올려
  놓는다. 그다음 그 여왕이 차지하는 열과 대각선을 표시한다. 그다음에
  두 번째 여왕을 두 번째 행에 올려놓는다. 물론 이미 차지한 장소는 피한다.
  두 번째 여왕이 차지한 장소도 표시한 다음 그다음 행으로 넘어간다.
  만약 다음 행에서 여왕을 놓을 수 있는 자리가 없으면 조금 전의 행으로
  되돌아간 다음, 그 행에서 여왕을 다른 자리로 옮기고 나서 계속 진행한다.
*/
void Nqueen(int board_size)
{
    /* 결과 */
    int aQueenBitRes[MAX_BOARDSIZE];
    /* 이미 여왕이 있는 열을 표시한다. */
```
```

```
int aQueenBitCol[MAX_BOARDSIZE];

/* 이미 여왕이 있는 대각선 위치를 표시한다. */
int aQueenBitPosDiag[MAX_BOARDSIZE];

/* 이미 여왕이 있는 대각선 위치를 표시한다. */
int aQueenBitNegDiag[MAX_BOARDSIZE];

/* 재귀 알고리즘 대신 스택을 이용한다. */
int aStack[MAX_BOARDSIZE + 2];
register int* pnStack;

/* 중복된 numrows - 스택을 이용할 수 있다. */
register int numrows = 0;

/* 최하위 비트 - 맨 오른쪽 비트 */
register unsigned int lsb;

/* 1로 설정된 비트들은 여왕을 놓을 수 있는 자리를 의미한다. */
register unsigned int bitfield;
int i;

/* 체스판의 크기(열과 행의 개수)가 짝수면 0, 홀수면 1 */
int odd = board_size & 1;

/* 체스판 크기 - 1 */
int board_minus = board_size - 1;

/* 만약 체스판의 크기가 N이면 mask는 N개의 1로 이루어진다. */
int mask = (1 << board_size) - 1;

/* 스택을 초기화한다. */
/* 경계를 설정 -- 스택의 끝을 의미한다. */
aStack[0] = -1;
```

```
/* 주의: board_size가 홀수면 (board_size & 1)은 반드시
        참이다. */
/* 만약 board_size가 홀수면 루프를 한 번 더 돌려야 한다. */
for (i = 0; i < (1 + odd); ++i)
{
    /* 이 부분은 중요하지 않으므로 굳이 최적화할 필요가 없다. */
    bitfield = 0;
    if (0 == i)
    {
        /* 가운데 열을 제외한 체스판의 절반만 다룬다. 따라서
           만약 체스판의 크기가 5x5라면 첫 번째 행은 00011이
           될 것이다. 여왕을 가운데 열에 놓는 경우는 (아직)
           고려하지 않는다.
        */

        /* 2로 나눈다. */
        int half = board_size>>1;

        /* 행의 오른쪽 절반을 1로 채운다. 만약 행의 크기가 7이라면
           그 절반은 (나머지를 무시하면) 3이다. 이 경우
           bitfield의 값은 이진수로 111이 될 것이다. */
        bitfield = (1 << half) - 1;

        /* 스택 포인터 */
        pnStack = aStack + 1;

        aQueenBitRes[0] = 0;
        aQueenBitCol[0] = aQueenBitPosDiag[0] =
                        aQueenBitNegDiag[0] = 0;
    }
    else
    {
        /* (홀수 크기를 갖는 체스판에서) 가운데 열을 계산한다.
```

우선 가운데 열의 비트를 1로 설정하고 다음 열의 절반에
대해서 값을 설정한다.

따라서 첫 번째 행(하나의 요소)과 다음 행의 절반을 처리
하고 있는 것이다. 만약 체스판의 크기가 5x5라면, 첫 번째
행은 00100 그리고 다음 행은 00011이 될 것이다 .

```
*/
bitfield = 1 ≪ (board_size ≫ 1);
numrows = 1; /* 0일지도 모르므로 */

/* 첫 번째 행은 (가운데 열에) 하나의 여왕을 가지고 있다. */
aQueenBitRes[0] = bitfield;
aQueenBitCol[0] = aQueenBitPosDiag[0]
              = aQueenBitNegDiag[0] = 0;
aQueenBitCol[1] = bitfield;

/* 이제 다음 행을 처리한다. 나머지 반은 나중에 'Y축'을 따라
   반사시켜서 처리할 것이므로 여기에서는 절반에
   대해서만 값을 정한다. */
aQueenBitNegDiag[1] = (bitfield ≫ 1);
aQueenBitPosDiag[1] = (bitfield ≪ 1);
pnStack = aStack + 1; /* 스택 포인터 */

/* 이 행에는 하나의 요소만 존재하므로 이 행의 처리가 끝났다. */
*pnStack++ = 0;

/* bitfield-1은 하나의 1 왼쪽으로는 모두 1이다. */
bitfield = (bitfield - 1) ≫ 1;
}

/* 이것이 중요한 루프다. */
for (;;)
{
    /* 첫 번째 (최하위 비트) 1을 구하기 위해서 */
    lsb = bitfield ^ (bitfield & (bitfield -1));
```

을 이용할 수도 있겠지만, 그것은 약간 느리다. */

```
/* 이 계산은 2의 보수(2's complement) 아키텍처를
   가정한다. */
lsb = -((signed)bitfield) & bitfield;

if (0 == bitfield)
{
    /* 스택으로부터 앞의 값을 구한다. */
    bitfield = *--pnStack;
    if (pnStack == aStack) {
        /* 만약 스택의 끝이라면.... */
        break ;
    }
    --numrows;
    continue;
}

/* 이 비트의 값을 바꿔서 나중에 다시 계산하지 않도록 한다. */
bitfield &= ~lsb;

/* 결과를 저장한다. */
aQueenBitRes[numrows] = lsb;

/* 처리할 행이 아직 남아 있는가? */
if (numrows < board_minus)
{
    int n = numrows++;
    aQueenBitCol[numrows] = aQueenBitCol[n] | lsb;
    aQueenBitNegDiag[numrows]
        = (aQueenBitNegDiag[n] | lsb) >> 1;
    aQueenBitPosDiag[numrows]
        = (aQueenBitPosDiag[n] | lsb) << 1;
    *pnStack++ = bitfield;
```

```
            /* 다른 여왕이 이미 차지한 행, 열, 혹은 대각선에 다른
               여왕을 놓을 수 없다. */
            bitfield = mask & ~(aQueenBitCol[numrows]
                        ¦ aQueenBitNegDiag[numrows]
                        ¦ aQueenBitPosDiag[numrows]);
            continue;
        }
        else
        {
            /* 더 이상 처리할 행이 없다. 즉 해를 찾은 것이다. */
            /* 체스판의 모습을 출력하고 싶으면 아래
               printtable 함수에 대한 호출을 복원시켜라. */
            /* printtable(board_size,
                          aQueenBitRes,
                          g_numsolutions + 1); */
            ++g_numsolutions;
            bitfield = *--pnStack;
            --numrows;
            continue;
        }
    }
}

/* 반사된 이미지를 고려하기 위해서 해의 개수에 2를 곱한다. */
g_numsolutions *= 2;
}

/* 실행이 끝난 후 결과를 출력한다. */
void printResults(time_t* pt1, time_t* pt2)
{
    double secs;
    int hours , mins, intsecs;
```

```
        printf("End: \t%s", ctime(pt2));
        secs = difftime(*pt2, *pt1);
        intsecs = (int)secs;
        printf("Calculations took %d second%s.\n",
                intsecs, (intsecs == 1 ? " " : "s"));

        /* 시, 분, 초를 출력한다. */
        hours = intsecs/3600;
        intsecs -= hours * 3600;
        mins = intsecs/60;
        intsecs -= mins * 60;
        if (hours > 0 || mins > 0)
        {
            printf("Equals ");
            if (hours > 0)
            {
                printf("%d hour%s, ", hours,
                    (hours == 1) ? " " : "s");
            }
            if (mins > 0)
            {
                printf("%d minute%s and ", mins,
                    (mins == 1) ? " " : "s");
            }
            printf("%d second%s.\n", intsecs,
                (intsecs == 1 ? " " : "s"));
        }
}

/* N개의 여왕 프로그램의 메인 루틴 */
int main(int argc, char** argv)
{
    time_t t1, t2;
    int boardsize;
```

```
if (argc != 2) {
    printf("N Queens program by Jeff Somers.\n");
    printf("\tallagash98@yahoo.com or jsomers@alumni.
            williams.edu\n");
    printf("This program calculates the total number
            of solutions to the N Queens problem.\n");
    printf("Usage: nq <width of board>\n");
    return 0;
}

boardsize = atoi(argv[1]);

/* 체스판의 크기가 정확한 범위 내에 존재하는지 여부를 확인한다. */
if (MIN_BOARDSIZE > boardsize ||
    MAX_BOARDSIZE < boardsize)
{
    printf("Width of board must be between %d
            and %d, inclusive.\n",
            MIN_BOARDSIZE, MAX_BOARDSIZE );
    return 0;
}

time(&t1);
printf("N Queens program by Jeff Somers.\n");
printf("\tallagash98@yahoo.com or jsomers@alumni.
        williams.edu\n");
printf("Start: \t %s", ctime(&t1));

Nqueen(boardsize); /* find solutions */
time(&t2);

printResults(&t1, &t2);
```

```
    if (g_numsolutions != 0)
    {
#ifdef WIN32
        printf("For board size %d,
            %I64d solution%s found.\n",
            boardsize, g_numsolutions,
            (g_numsolutions == 1 ? " " : "s"));
#else
        printf("For board size %d,
            %d solution%s found.\n",
            boardsize, g_numsolutions,
            (g_numsolutions == 1 ? " " : "s"));
#endif
    }
    else
    {
        printf("No solutions found.\n");
    }

    return 0;
}
```

여섯 번째.

비트 연산자 복습하기

프로그래머들에게 '비트'란 현실 세계에서 물이나 공기를 이루고 있는 입자와 마찬가지다. 프로그래밍 세계의 모든 것은 비트로 시작해서 비트로 끝나기 때문이다. 프로그래밍에 처음 입문한 사람들의 눈에는 정수는 정수로 보이고 문자열은 문자열로 보이지만, 내공이 쌓인 프로그래머들의 눈에는 정수도 비트로 보이고 문자열도 비트로 보인다. 영화 매트릭스에서 주인공 네오의 눈에 에이전트의 모습이 초록색 비트로 이루어진 컴퓨터 프로그램처럼 보이는 장면이 있었다. 대부분의 영화팬에게는 이것이 '상상'이었겠지만 컴퓨터 프로그래머들에게는 상상이 아닌 '현실'이었다.

: 멀리 서 있는 에이전트의 모습이 비트로 보인다(©Warner Brothers)

시스템 프로그래밍이 아닌 일반적인 애플리케이션 프로그래밍의 경우에는 비트 연산(bit operation)이 특별히 요구되지는 않는다. 그럼에도 불구하고 비트 연산을 모르는 프로그래머는 거의 없다. 프로그래밍을 하면서 비트 연산을 모른다는 것은 현실 세계에서 숨을 쉬지 않거나 물을 마시지 않고 살아가는 일만큼이나 어렵기 때문이다.

그러나 제프 소머즈의 코드를 읽으면서 '어, 비트 연산자가 그러니까, 이게 무슨 뜻이더라'하면서 기억을 더듬느라 애쓴 사람이 분명히 있었을 것이다. 그런 사람들을 위해서 비트 연산자를 간단히 복습하고 넘어간다. C 언어에서 사용하는 비트 연산자에는 다음과 같은 6가지가 대표적이다.

연산자	기능
&	비트의 논리곱 AND
|	비트의 논리합 OR
^	비트의 배타적 논리합 XOR
》	오른쪽 이동 right shift
《	왼쪽 이동 left shift
~	비트의 부정 NOT

: 비트 연산자 테이블

비트의 논리곱(AND)이란 1을 참, 0을 거짓이라고 했을 때 우리가 잘 알고 있는 부울 대수의 원리와 동일하다. 비트의 논리곱은 다음과 같은 연산 결과를 가진다.

```
1 & 1 = 1
1 & 0 = 0
0 & 1 = 0
0 & 0 = 0
```

비트의 논리합(OR)도 부울 대수의 원리와 동일하다. 비트의 논리합이 갖는 결과는 다음과 같다.

```
1 ¦ 1 = 1
1 ¦ 0 = 1
0 ¦ 1 = 1
0 ¦ 0 = 0
```

한편 비트의 배타적 논리합(XOR)은 주어진 비트의 값이 다르면 1이고 서로 같으면 0을 출력한다(배타적이면 참이고, 배타적이지 않으면 거짓이다).

```
1 ^ 1 = 0
1 ^ 0 = 1
0 ^ 1 = 1
0 ^ 0 = 0
```

비트의 오른쪽 이동(right shift)은 비트를 주어진 값만큼 오른쪽으로 이동시키는 연산이다. 예를 들어, 100110이라는 이진수 값에 대해서 다음과 같은 연산이 주어졌다고 해보자.

```
100110 >> 3
```

이는 100110을 오른쪽으로 3회 이동시키라는 뜻이다. 비트를 이동시키고 왼쪽에 비는 자리에는 '0'을 집어넣는다. 따라서 이 연산 결과는 '000100'이 된다. 비트를 오른쪽으로 한번 이동시키는 것은 그 수를 '2'로 한 번 나누는 것과 같은 결과를 낳는다는 사실을 확인해 보기 바란다.

비트의 왼쪽 이동은 오른쪽 이동과 반대다. 비트를 왼쪽으로 한번 움직이는 것은 주어진 수에 '2'를 한번 곱하는 것과 동일한 결과를 낳는다. 따라서 001010 << 2 연산의 결과는 101000이 된다. '001010'은 십진수로 표현하면 10이다. 그런데 101000은 십진수로 하면 40이다. 10에 2를 두 번 곱하면 40이 되므로 앞에서 말했던 내용이 사실이라는 점을 확인할 수 있다.

마지막으로 비트의 부정(NOT)은 0은 1로, 1은 0으로 바꾸는 연산자다. 따라서 ~0은 1이고 ~1은 0이 된다.

2의 보수

'보수'란 쉽게 말해서 이진수를 이용해서 수를 표현하는 시스템에서 음수를 어떻게 표시할 것인가를 결정하는 방법론을 뜻한다. 현대의 전자식 컴퓨터는 0이 아니면 1이라는 두 개의 비트만 인식하기 때문에 0001의 음수를 표현하기 위해서 우리가 보통 공책에 적듯이 −0001이라고 할 수는 없다('−'라는 기호가 도입되는 순간 1과 0 이외의 다른 부호가 등장하는 셈이기 때문이다). 따라서 이진수 표현 자체 내에 일정한 규칙을 도입해서 특정한 방식으로 표기된 수를 음수로 취급하기로 약속해야 한다. '2의 보수(2's complement)'란 그런 약속 중 하나다.

간단하게 말하자면 2의 보수 체계에서는 '0'으로 시작하는 이진수는 양수고, '1'로 시작하는 이진수는 음수에 해당한다. 예를 들어, 4개의 비트를 이용해서 수를 표현한다고 해보자. 2^4는 16이므로 4개의 비트로 표현할 수 있는 수의 최댓값은 16이다. 하지만 음수의 표현까지 고려해야 한다면 그 수는 반으로 줄어들 수밖에 없다. 이를테면 16의 절반인 8까지는 양수를 표현하고, 나머지 8개는 음수를 표현하기 위해서 사용하는 것이다.

이때 8개의 수를 가지고서 1부터 8까지를 표현하고, 나머지 8개를 가지고 −1부터 −8까지를 표현하면 '0'을 표현할 값이 없기 때문에 문제가 발생한다. 이 문제를 해결하기 위해서 2의 보수에서는 0000으로 0을 표현하고, 나머지 7개의 수로 1부터 7까지의 (양)수를 표현한 다음 나머지 8개의 수로 −1에서 −8까지의 (음)수를 표현하기로 규칙을 정했다(따라서 음수가 한 개 더 많다). 다음은 2의 보수를 이용하는 시스템에서 각각의 이진수가 의미하는 값을 나타낸 것이다.

```
0000    0
0001    1
0010    2
0011    3
0100    4
0101    5
0110    6
0111    7
1000   -8
1001   -7
1010   -6
1011   -5
1100   -4
1101   -3
1110   -2
1111   -1
```

제프 소머즈의 코드에서 'bitfield'라는 변수의 최하위 비트(least significant bit, 제일 오른쪽 비트)를 구하기 위해서 다음과 같은 방법을 사용한 부분이 있다(실제로는 제일 오른쪽에 있는 최하위 비트가 아니라 제일 오른쪽에 있는 '1'의 위치를 구하고 있다).

```
lsb = -((signed)bitfield) & bitfield;
```

우선 bitfield를 'signed'로 변환하는 이유는 그렇게 해야 2의 보수의 논리가 적용되기 때문이다. C 언어에서 어떤 정수형 변수가 'unsigned'로 선언되어 있으면 음수를 표현하기 위한 2의 보수의 논리가 적용되지 않기 때문에 signed의 경우에 비해 두 배로 많은 (양)수를 표현할 수 있다. 'Nqueen' 함수의 데이터 선언 부분을 보면 그러한 이유에 의해서 bitfield가 unsigned로 선언되어 있다(그 앞에 있는 'register'는 프로그래머가 컴파일러에게 "혹시 가능하면 이 변수를 메모리가 아니라 CPU의 레지스터에 저장해 주시면 고맙겠습니다"하는 부탁의 일종이다. 컴파일러가 꼭 그렇게 한다는 보장은 없다).

최하위 비트를 이와 같은 방식으로 구하는 것은 2의 보수라는 수의 체계가 가지고 있는 특성을 이용한 것이다. 아무 양수나 취한 다음, 그 수의 음수 표현에 대해서 비트 논리곱을 수행하면 항상 같은 결과가 나온다는 사실을 알 수 있을 것이다. 예를 들어, 5를 생각해보자. 5의 이진수 표현은 0101이다. 2의 보수 시스템에서 −5는 1011이다. 이제 두 이진수에 대해서 비트 논리곱을 수행해보자.

```
  0101
& 1011
------
  0001
```

한편 5 대신 6을 계산하면 약간 다른 결과를 얻게 된다. 6의 이진수 표현은 0110이고, −6은 1010이다. 이 두 수에 대한 비트 논리곱의 결과는 다음과 같다.

```
   0110
& 1010
------
   0010
```

프로그램의 논리적 흐름을 따라가려고 노력하다가 'lsb'의 값을 구하
는 무렵에서 포기한 사람도 있었을 것이다. 도대체 이 프로그램 안에서
변수 'lsb'가 의미하는 것은 무엇일까? 그리고 bitfield가 의미하는 것은
무엇일까? 그러한 내용을 정확하게 이해하지 못하면 아무리 비트 연산과
2의 보수를 확실하게 안다고 해도 프로그램의 전체적인 흐름을 따라가기
가 어렵다.

제프 소머즈 알고리즘 분석

이 프로그램은 N개의 여왕 문제에 대한 해를 최대한 '빠르게' 구하는 데 초점을 맞추고 있다. 따라서 프로그램을 읽는 사람들이 약간 고생을 해야 대강의 흐름을 파악할 수 있는 방식으로 작성되었다. 이런 프로그램을 읽을 때는 코드의 의미를 한 줄씩 자세하게 이해하려고 하지 말고, 우선 시야를 넓게 해서 전체를 조감해 보려고 노력하자.

전체적인 흐름을 제대로 이해하고 나면 지엽적인 부분이 담고 있는 의미와 목적은 저절로 모습을 드러내기 때문이다. 'Nqueen' 함수를 읽을 때는 '퇴각 검색'이 어떻게 구현되고 있는지 정확하게 이해하는 것이 첫 번째 목적이 되어야 할 것이다. 프로그램을 차분하게 정독하지 않은 사람은 퇴각 검색이 도대체 어디에서 어떻게 구현되고 있는지 감조차 오지 않았을 것이다.

필자가 회사에서 다른 사람이 작성한 (복잡한) 코드를 읽을 때 자주 사용하는 방법은 일단 설명문을 포함한 본문의 내용을 모두 제거하고 'if',

'while', 'for'와 같이 논리의 흐름을 조절하는 부분만 남겨 놓는 것이다.
이렇게 하면 복잡한 알고리즘의 흐름이 훨씬 편하게 한눈에 들어온다.

```
for (i = 0; i < (1 + odd); ++i)
{
    if (0 == i)
    {
    }
    else
    {
    }
    for (;;)
    {
        if (0 == bitfield)
        {
            if (pnStack == aStack)
                { /* 만약 스택의 끝이라면.... */
                    break ;
                }
            continue;
        }

        if (numrows < board_minus)
        {
            continue;
        }
        else
        {
            continue;
        }
    }
}
```

그 방법을 'Nqueen' 함수에게 적용하면 위와 같은 알고리즘의 뼈대가 드러난다. 워낙 많은 내용을 제거했기 때문에 알고리즘의 실질적인 내용을 파악하기는 어렵지만 일단 '퇴각 검색'이 구현되어 있는 방식은 이 정도의 뼈대만 보아도 분명히 드러난다. 우선 첫 번째 'for' 루프를 생각해 보기 바란다. 첫 번째 루프는 'odd'라는 변수의 값이 0이면 전체적으로 한 번만 수행되고 만약 1이면 두 번 수행되는 간단한 루프다. 코드를 보면 odd의 값은 다음과 같이 결정되고 있음을 알 수 있다.

```
int odd = board_size & 1;
```

만약 board_size의 값이 짝수면 마지막 비트의 값이 0이기 때문에 'board_size & 1'의 결과는 0이 되고, 홀수면 마지막 비트의 값이 1이므로 결과는 1이 된다. 다시 말해서 'odd'라는 변수의 값이 0이면 체스판의 가로 세로 칸의 개수가 짝수라는 의미고, 1이면 홀수라는 의미다. 이 프로그램은 체스판의 크기가 짝수면 우선 그 크기를 반으로 나누어서 오른쪽 절반에 대해서만 해를 찾는다. 해를 찾았으면 나머지 절반에 대한 해는 이미 구한 해를 Y축을 중심으로 마치 거울에 비춘 상처럼 반사시켜서 찾는다. 프로그램의 처음 부분에 나오는 설명문에서 언급한 바와 같이 N개의 여왕 문제에서 구해진 해는 항상 거울에 비친 상을 다른 해로 가진다. 그림으로 보면 다음과 같다.

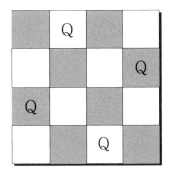

이 해를 '거울로 비추어 보면' 다음과 같은 모습이 될 것이다.

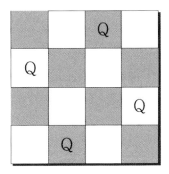

제프 소머스의 프로그램에서는 이 두 개의 해 중에서 우선 Q가 (1, 3)의 자리에 놓여 있는 해를 구한 다음 나머지 하나의 해는 방금 구한 해에서 Q가 배열되어 있는 위치를 조절하여 구한다. 이러한 방식을 이용하면 Q를 (1, 1), (1, 2), (1, 3), (1, 4)에 전부 놓아 보면서 해를 찾을 필요 없이 그 절반에 해당하는 (1, 3)과 (1, 4)만 확인해 보면 되므로 알고리즘의 실행 속도를 절반으로 줄일 수 있다. 이런 식의 알고리즘 최적화는 실전 프로그래밍에서도 손쉽게 사용할 수 있으니 잘 기억해 둘 필요가 있다.

한편 odd의 값이 1이면, 즉 주어진 체스판의 크기가 홀수이면 앞의

for 루프는 첫 번째 여왕이 가운데 열에 오는 경우에 대한 해를 찾기 위해서 한 번 더 수행된다. 예를 들어, 체스판의 크기가 5였다고 해보자. 그렇다면 for 루프가 첫 번째 수행될 때는 다음 두 경우에 대한 해를 탐색한다.

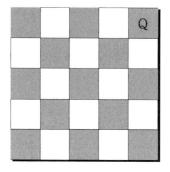 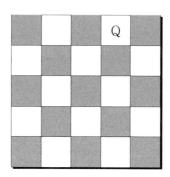

그리고 for 루프가 두 번째 수행될 때는 다음의 경우에 대한 탐색을 수행한다.

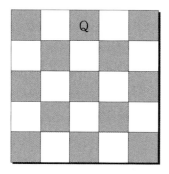

for 루프 안쪽에서 내부에 포함되어 있는 for 루프가 시작되기 전에 수행되는 다음과 같은 if-else 구문은 각각의 경우에 대해서 필요한 초기화의 업무를 수행한다.

```
if (0 == i)
{
}
else
{
}
```

이 if-else 구문의 내용은 전체 알고리즘을 통틀어서 기껏해야 한 번 씩밖에 수행되지 않기 때문에 알고리즘의 성능에 중요한 영향을 주지 않는다. 성능에 중요한 영향을 미치는 부분은 각각의 경우에 대해서 해가 되는지 여부를 검사하고, 만약 해를 찾았거나 길이 막히면 다시 앞으로 되돌아가는 퇴각 검색 기법을 구현하고 있는 다음 for 루프의 내부에 존재하는 코드다(알고리즘을 최적화할 때, '20-80' 법칙을 기억하는 것이 필요하다. 대개 코드의 20%가 성능의 80%를 차지하고, 나머지 80%의 코드가 성능의 20%를 차지하는 것으로 알려져 있다. 알고리즘의 성능을 개선하고자 할 때 성능에 큰 영향을 미치는 핵심적인 20%에 대해서 집중하는 것이 중요하다. 경제학자들은 자동차를 살 때는 100만 원 정도의 금액 차이를 대수롭지 않게 여기지 않던 사람이 시장에서 콩나물 가격 100원을 깎으려고 애쓰는 모습을 놓고 20-80 법칙을 말하곤 한다. 제프 소머즈의 코드에서는 아래의 for 루프가 성능을 결정하는 20%에 해당하고, 앞의 if-else를 포함한 나머지 코드는 성능 면에서 큰 의미가 없는 80%에 속한다).

```
for (;;)
    {
        if (0 == bitfield)
        {
            if (pnStack == aStack) {
            /* 만약 스택의 끝이라면.... */
```

```
            break ;
        }
        continue;
    }

    if (numrows < board_minus)
    {
        continue;
    }
    else
    {
        continue;
    }
}
```

이 알고리즘은 '재귀'가 아니라 프로그램 안에 직접 정의된 스택을 이용해서 퇴각 검색을 조율하고 있다. '빠르게' 동작하는 알고리즘을 만들기위해서는 '재귀'보다는 아무래도 자신이 직접 통제하는 스택이 좀 더 유리하기 때문일 것이다. 이 for 루프 안에서 알고리즘이 진행되는 흐름을 정밀하게 포착하기 위해서는 적어도 세 개의 변수가 의미하는 바를 정확하게 이해해야 한다. 그러한 이해가 선행되지 않으면 알고리즘의 흐름을 이해하는 일이 대단히 어렵기 때문이다. 그 세 개의 변수란 바로 'bitfield', 'lsb' 그리고 'numrows'다.

이제 for 루프의 내용을 느린 동작으로 천천히 돌리면서 각 변수가 변화하는 모습을 살펴보자. 쉬운 예를 들기 위해서 N이 6일 때를 생각해보자. 다음 그림과 같은 6×6 체스판이 있다고 가정하자.

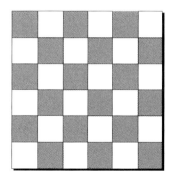

'Nqueen' 함수가 구현하고 있는 논리에 따르면 첫 번째 행의 여섯 칸 모두에 대해서 해를 탐색하지 않고, 그것을 반으로 뚝 잘라 오른쪽 절반에 대해서만 해를 탐색할 것이다. 따라서 첫 번째 행에 Q를 놓을 수 있는 자리는 (1, 4), (1, 5), (1, 6)으로 국한된다. 이러한 사실을 비트의 열로 표현해 본다면 0은 Q를 놓을 수 없는 자리를 의미하고, 1은 Q를 놓을 수 있는 자리를 의미한다고 했을 때 '000111'이라는 값으로 표현할 수 있을 것이다. 즉 앞의 세 자리는 모두 0이므로 Q를 놓을 수 없고, 뒤의 세 자리는 값이 1이므로 Q를 놓을 수 있다.

이런 비트열 000111의 값을 저장하는 변수가 바로 bitfield다. 내부의 for 루프가 시작되기 전에 bitfield 변수는 이런 의미를 나타내는 값을 저장하기 위해서 다음과 같이 초기화된다.

```
bitfield = (1 ≪ half) - 1;
```

half라는 변수 값은 board_size의 값을 2로 나눈 값을 저장하는 변수이므로 N이 6일 때에는 3을 의미한다. 그렇다면 '1 ≪ half '라는 연산은 1을 왼쪽으로 세 번 이동시키라는 뜻이므로 연산 결과는 1000이 된 다. 이제 1000에서 1을 빼면 그 결과는 111이다. 즉 bitfield의 값은 '000111'

이 된다(절묘하다).

이 bitfield의 값은 if(numrows < board_minus)라는 if 문의 내부에서 새롭게 설정된다. 그 명령문은 다음과 같은 내용으로 이루어져 있다.

```
bitfield = mask & ~(aQueenBitCol[numrows] |
                    aQueenBitNegDiag[numrows] |
                    aQueenBitPosDiag[numrows]);
```

복잡해 보이기는 하지만 비트의 연산을 하나씩 차분히 따져 보면 그렇게 이해하기 어려운 명령문은 아니다. 예를 들어, 우리가 (1, 6)의 자리에 Q를 놓고 다음 행에서 Q를 놓을 수 있는 자리를 찾고 있다고 해보자.

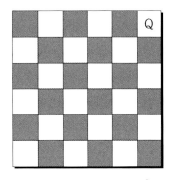

두 번째 행에서 Q를 놓을 수 있는 자리를 찾을 때 Q가 있는 마지막 열은 고려 대상에서 제외시켜야 한다. 이와 같이 이미 다른 Q가 차지하고 있는 열에 대한 정보를 담고 있는 변수가 바로 aQueenBitCol[numrows]다. 또한 이미 놓인 Q에서 왼쪽 아래로 진행하는 대각선에 대한 정보를 담고 있는 변수가 aQueenBitPosDiag[numrows]고, Q에서 오른쪽 아래로 진행하는 (바로 앞의 예에서는 해당 사항이 없지만) 대각선에 대한 정보를 담고 있는 변수는 aQueenBitNegDiag[numrows]다.

다음 행에서 Q를 놓을 수 있는 위치를 생각할 때 이렇게 다른 Q가 이미 차지하고 있는 위치를 제외시켜야 한다. 그렇다면 두 번째 행에 대한 bitfield의 값은 111100이 될 것이다(1은 Q를 놓을 수 있는 자리, 0은 놓을 수 없는 자리!). N이 6일 때의 경우에 대해서 프로그램 코드를 한 줄씩 계산하여 두 번째 행에 대한 bitfield의 비트값이 111100인지 여부를 직접 확인해보기 바란다.

이제 우리는 bitfield의 값이 0이라는 사실이 의미하는 바에 대해서 명확한 이해를 할 수 있게 되었다. bitfield가 0이라는 말은 비트열이 000000이라는 의미이므로 곧 Q를 놓을 수 있는 자리가 없다는 사실을 의미한다. 즉 길이 막힌 것이다!(트리로 따지면 가지의 끝인'잎'에 다다른 것이다)

if(0 == bitfield) 문의 내부를 보면 이러한 경우에는 스택으로부터 저장되어 있는 bitfield의 값, 즉 바로 앞 행에서Q를 놓을 수 있는 위치를 표시하고 있는 bitfield의 값을 꺼낸 다음 그 bitfield의 값에 대해서 동일한 탐색을 재개한다. 바로 이 장면을 이해할 수 있다면 제프 소머스가 구현한 '퇴각 검색'의 원리를 대부분 이해한 셈이다.

여기에서 한 가지 주목할 만한 명령문은 if(0 == bitfield) 바로 다음에 존재하는 다음과 같은 명령문이다.

```
bitfield &= ~lsb;
```

'lsb'라는 변수는 표현하는 단위가 가장 작은 맨 오른쪽 끝 비트를 의미하는 'least significant bit(최하위 변수)'를 표현하는데, 이 알고리즘에서는 실제적인 최하위 비트가 아니라 bitfield에 저장되어 있는 비트열에서 맨 오른쪽에 있는 비트'1'의 위치를 표현한다. 예를 들어, bitfield가

110010이면 lsb는 000010이고, bitfield가 011000이면 lsb는 001000
이 된다. lsb를 구하고 있는 명령문은 앞에서도 잠깐 언급했는데, 그 명령
문이 수행하고 있는 비트 연산에 대해서 꼼꼼하게 분석해 보는 것도 좋은
공부가 될 것이다.

```
lsb = ~ ((signed)bitfield) & bitfield;
```

이렇게 맨 오른쪽 끝에 있는 비트 1의 위치를 나타내는 변수 lsb에 대
해서 'bitfield &= ~lsb'라는 계산을 수행한 결과는 재미있게도 bitfield
변수가 담고 있는 비트열에서 lsb가 가리키고 있는 1의 위치에 존재하는
비트를 0으로 설정하는 것이 된다. 다시 말해서 bitfield가 110010이고,
따라서 lsb가 000010이라면 우선 ~lsb는 111101이 되므로 다음과 같은
계산을 수행하게 된다.

```
  111101
& 110010
--------
  110000
```

즉 원래 bitfield가 담고 있는 비트열 110010에서 lsb가 가리키던 1의
자리에 놓인 값을 0으로 설정한 결과가 된 것이다. 이것은 우리가 첫 번째
행에서 (1, 6)의 자리에 Q를 올려놓았다면, 나중에 퇴각 검색에 의해서
되돌아 왔을 때 (1, 6)을 다시 탐색할 필요가 없다는 사실을 표시해 두기
위해서다. 결국 lsb라는 변수가 나타내고 있는 값은 우리가 현재 Q를 올
려놓은 위치를 나타내고 있고, numrows는 현재 탐색 중인 행의 위치를
나타내는 것이다.

여기까지 정도가 이해되었으면 제프 소머스의 알고리즘을 따라가

는 데 큰 무리는 없을 것이다. 소머스 본인의 주장에 따르면 그가 작성한 'Nqueen' 함수의 성능은 「닥터 도브의 저널(Dr. Dobb' s Journal)」이라는 저널에 칼럼을 기고하는 컴퓨터학자 티모시 로페(Timothy Rolfe) 교수가 만든 알고리즘에 비해서 무려 10배 정도가 빠르다고 한다.

- 『Literate Programming』(Center for the Study of Language and Information, 1992)
- 『The Art of Computer Programming 3: 정렬과 검색, 개정2판』(한빛미디어, 2008)
- 『Data Structure and Algorithm Analysis in C』(Addison-Wesley, 1997)
- 『Crypto』(Penguin Books, 2001)
- 『The Analysis of Algorithms』(Holt, Rinehart and Winston, Inc., 1985)
- 『Compared to What?』(W. H. Freeman and Company, 1992)
- 『The C Programming Language』(Prentice Hall, 1988)
- 『Algorithms and Data Structures in C++』(John Wiley & Sons, Inc., 1996)
- 『C 언어로 설명한 알고리즘』(정익사, 1996)
- GNU 프로젝트 홈페이지 >> www.gnu.org
- 메르센느 소수 찾기 프로젝트 홈페이지 >> www.mersenne.org

  IOCCC (The International Obfuscated C Code Contest) 홈페이지 >> www.ioccc.org
- 애덤 백의 홈페이지 >> http://www.cypherspace.org/~adam/rsa/story2.html

이 책에서 소개한 알고리즘